O QUE REALMENTE IMPORTA?

ANDERSON CAVALCANTE

O QUE REALMENTE IMPORTA?

SEXTANTE

preparo de originais: Hermínia Totti
revisão: Cristhiane Ruiz e Liciane Corrêa
projeto gráfico e diagramação: Ana Paula Daudt Brandão
capa: Gautio Design Gráfico
gráficos: Paula Chiuratto por Gautio Design Gráfico
imagem de capa: Fancy / Diomedia
impressão e acabamento: Lis Gráfica e Editora Ltda.

CIP-BRASIL. CATALOGAÇÃO-NA-FONTE
SINDICATO NACIONAL DOS EDITORES DE LIVROS, RJ

C364q

Cavalcante, Anderson
O que realmente importa? / Anderson Cavalcante; Rio de Janeiro: Sextante, 2012.
144p.; 14x21 cm

ISBN 978-85-7542-821-4

1. Autorrealização (Psicologia). I. Título.

12-4219 CDD: 158.1
CDU: 159.947

GMT Editores Ltda.
Rua Voluntários da Pátria, 45 – Gr. 1.404 – Botafogo
22270-000 – Rio de Janeiro – RJ
Tel.: (21) 2538-4100 – Fax: (21) 2286-9244
E-mail: atendimento@esextante.com.br
www.sextante.com.br

Dedicatória

Dedico este livro a meus pais, Eraldo e Toninha, meus ídolos, exemplos de retidão e vida. Seres humanos especiais que, com muita simplicidade, carinho e amor, sempre me ensinaram tudo aquilo que realmente importa.

Agradecimentos

À minha esposa, Tábata, cúmplice nos momentos certos e incertos da vida. Admiro sua sensibilidade para lidar com minhas inquietações, sua capacidade de expressar o amor e sua intensa dedicação ao escrevermos juntos cada momento da nossa história.

Saiba que, com seu amor, você cuida de mim como jamais imaginei merecer. Nunca se esqueça de que eu amo acordar ao seu lado e encontrar esse seu olhar que me energiza a alma. Eu te amo.

Às minhas irmãs, Andréa e Vanessa, que renovam a cada reencontro a força do amor que existe entre nós – força que não sou capaz de explicar, apenas de sentir. Ao meu cunhado, Abbott, amigo-irmão com que a vida me presenteou para compartilharmos nossa existência.

Aos meus afilhados, Beatriz, Giovana e Guilherme, que me ensinam o valor dos pequenos milagres existentes em cada descoberta.

Eu conheço muitas pessoas que, de alguma forma, contribuíram para minha evolução no universo da escrita. Agradeço, portanto, a todas as que fizeram e fazem parte da minha vida. Em especial, àquelas que dedicaram parte do seu valioso tempo à leitura de meus originais: Daniele Gautio, Eder Roberto Dias, Gisele e Nardele Cheles, Haroldo Sato, Iraceli Lopes, Juliana Cerdeira, Juliana e Jorge Ressati, Marisa Mariano, Mosângela Amorim, Patrícia Casseano, Marco Cardozo, Renata Neres, Samuel Pereira dos Santos e Silvia e Juliana Polazzetto.

Agradeço aos apaixonados pelo saber, incansáveis na arte de multiplicá-lo. Vocês me ensinam e me estimulam a desbravar caminhos que desconheço nesse universo tão amplo que é o conhecimento. Obrigado Amadeu Pagnanelli, Christian Barbosa, Eduardo Carmello, Evaldo Ribeiro, padre Fábio de Melo, Francisco Higa, Gabriel Chalita, Gustavo Cerbasi, Jonas Ribeiro, Luis Fernando Garcia, Roberto Shinyashiki, Roberto Tranjan e Simone Paulino; amigos, cada encontro com vocês é uma oportunidade de aprender ainda mais sobre a vida e o viver.

Agradeço a Deus por me permitir desfrutar de saúde e paz e pela bênção de estar sempre rodeado por pessoas de bem. Agradeço, ainda, por nossas longas conversas e por estar sempre presente na minha vida, protegendo-me e orientando-me pelos caminhos do significado e da fé, para que, a cada dia, eu possa concretizar minha missão.

Sumário

Apresentação

Qual é a importância de uma escolha? Quantas vezes escolhemos nossos caminhos sem nos darmos conta do impacto que uma simples escolha pode representar em nossa vida? Quantas vezes, no impulso de resolver algo que nos inquieta, tomamos uma decisão sem pensar nas consequências?

Cada uma das escolhas que fazemos, até mesmo aquelas que parecem não ter importância, gera consequências que nos acompanham por toda a existência. Por isso, é fundamental que cada escolha seja feita conscientemente, porque elas definirão nosso futuro.

Estou falando de todas as escolhas que você faz. Estou falando de todas aquelas decisões que tomamos no dia a dia, as pequenas e as grandes, as simples e as complexas, aquelas nas quais pensamos muito antes de tomar e aquelas que tomamos sem pensar. Da escolha da carreira à da roupa que usaremos. Da escolha daquele que será seu marido ou sua esposa à do bairro onde morar depois do casamento.

Geralmente não percebemos que a cada passo deixaremos uma marca que perdurará para sempre. Quer exemplo maior do que a escolha da pessoa com quem vamos nos casar? Acertar nessa decisão, para ambos os lados, faz toda a diferença. Uma esposa ou um marido pode tanto levar seu parceiro para o alto quanto afundá-lo. Não existe meio-termo. Trata-se simplesmente do resultado de uma escolha.

Cada vez que fazemos uma opção, estamos redefinindo nosso caminho. Cada decisão tomada ou nos aproxima do destino desejado ou nos afasta completamente dele. O futuro é consequência das escolhas que fazemos no presente. Por isso, é fundamental que você reflita quais são os motivos por trás de suas escolhas: O que o move a fazer suas escolhas de vida? Por que você optou pela faculdade que está cursando ou que já cursou? Era isso mesmo que você queria ou foi algo que lhe impuseram?

Por que você escolheu trocar de carro no fim do ano? Você quer e precisa trocar ou a sociedade quer que você troque?

Por que você escolheu se exercitar tanto? É para ter mais saúde ou para se sentir parte de um grupo?

Por que você escolheu ler este livro? Porque alguém o presenteou com ele e você se sentiu na obrigação de ler ou porque você busca viver tudo aquilo que realmente importa em sua vida?

Por que você escolheu o casamento que está vivendo? É uma escolha que o completa todo dia e o faz se sentir vivo ou você às vezes tem vontade de não voltar para casa e reencontrar seu par?

Por que você decidiu adiar a decisão de ter um filho? Porque sente que não é o momento certo ou porque sua carreira e seus projetos estão acima dessa escolha?

Por que você escolheu a profissão que exerce? Porque é a sua vocação ou você está se vendendo por dinheiro?

Talvez você esteja dizendo: "Mas de que adianta ficar pensando nas escolhas que fiz?" Porque é ótimo saber onde estamos, reconhecer onde acertamos e onde erramos. Com essa consciência podemos permanecer onde estamos, o que também é uma escolha, ou desbravar novos caminhos, almejar novas possibilidades e mudar.

Ter clareza do porquê de suas escolhas irá contribuir muito para que você tenha uma vida mais calcada em certezas. Não estou falando da certeza de que tudo dará certo na sua vida, até porque a vida não teria graça se tivéssemos certeza de tudo que ainda vamos viver. Estou falando da certeza que só sentimos quando fazemos a escolha que julgamos correta, da sensação de estarmos no caminho certo, empenhados em fazer com excelência tudo aquilo a que nos propusemos. Estou falando de dar o nosso melhor, daquele sentimento que nos contagia ao realizarmos algo que alimenta nossa alma.

Se você fizer escolhas com discernimento, alinhadas a sua missão, seus valores e sua essência, estará sendo cada vez mais profundo e maduro em suas atitudes, estará sendo você mesmo, de cara limpa, onde estiver.

Escolhi escrever este livro para contribuir com aqueles que buscam viver sua verdadeira essência, aqueles que querem descobrir o que realmente importa. Porque a vida passa tão rápido que não podemos desperdiçá-la com escolhas erradas.

Faça suas escolhas, busque aquelas que vão completá-lo, não aceite nenhuma que o distancie de si mesmo, prefira sempre sua verdade; assim, cada decisão tomada será um passo em direção ao seu propósito e você vai se sentir plenamente realizado.

Introdução

Com que olhar você pode ler este livro?

Todos nós temos um jeito particular de enxergar o mundo. Sempre que olhamos para algo ou alguém, nossas crenças e experiências influenciam nossa percepção. Por isso, é muito comum cada pessoa ter uma interpretação completamente diferente sobre a mesma imagem ou situação.

Outro dia fiz uma descoberta interessante enquanto lia sobre a vida de São Boaventura, teólogo do século XIII que, após ter sido curado por São Francisco de Assis, a quem admiro muito, ingressou na Ordem Franciscana e passou a se dedicar a fazer o bem. São Boaventura formulou pensamentos extraordinários sobre a natureza humana. Um deles nunca foi tão atual.

Para ele, existem três formas de olhar o mundo, três olhares que definem o alcance de nossa percepção. O primeiro deles é o OLHAR DA CARNE, um olho físico, estrutural, capaz de enxergar a matéria pura e simplesmente. É um olhar igual para todo mundo, mas limitado, pois enxerga apenas o aparente: é o "ver por ver".

O segundo é o OLHAR DA RAZÃO, mais refinado que o olhar da carne, pois permite que, ao olharmos para alguém ou algo, sejamos capazes de analisar racionalmente essa visão, pensar sobre ela. O olhar da razão é o da ciência, para o qual tudo precisa ser provado: é o "ver para crer".

E há ainda o terceiro olhar, O OLHAR DA CONTEMPLAÇÃO – este é um olhar todo especial que, segundo São Boaventura, está em comunhão com a grandeza da natureza: é o "ver além". Quando olho para alguém ou algo com esse olhar, não estou me detendo apenas no que é nem em como funciona. Quando olho com esse olhar, estou sentindo. Minha percepção me traz uma clareza maior e sentimentos que me tocam de forma profunda, porque não apenas vejo, mas também entro em comunhão com o que está diante de mim. Quando olho para você com esse olhar, você é muito mais do que eu posso perceber, enxergar ou entender; você é o que eu posso sentir.

Pensando sobre isso, lembrei-me de uma conversa que tive com o padre Fábio de Melo. Ele me falava de outro conceito que tem tudo a ver com essa ideia do olhar da contemplação. Falávamos de misericórdia, e ele me explicava que esse é um conceito teológico que tem um significado extremamente profundo. Misericórdia significa "coração em que ainda cabe outro". Um coração que ainda não está cheio e, portanto, comporta a possibilidade de sentir pelo outro.

Reflita um pouco e perceba que a misericórdia acontece no seu interior toda vez que você é capaz de "ser o outro", de se envolver no que o outro está sentindo ou pensando, sem preconceitos ou julgamentos prévios. O exercício da misericórdia, portanto, está ao alcance de todos nós, basta que se tenha a disposição de "ver além", de estar de coração aberto para receber o outro dentro de nós, com suas alegrias e dores, acertos e erros. Mas só é capaz de contemplar aquele que saiu de si, que permite que a realidade diante de seus olhos lhe invada a alma. Certas coisas vemos melhor com os olhos fechados.

Aqui vai meu pedido. Espero que no decorrer desta leitura você use o olhar da contemplação. Deixe de lado seus pressupostos e preconceitos. Mergulhe nestas páginas desarmado e com o coração aberto, para que, mais do que ler para entender, você possa ler para sentir. Tenho certeza de que, assim, minhas palavras farão mais sentido para você e para sua vida, pois verá este livro com o olhar de quem deseja – e pode – ver além.

I. MISSÃO

O despertar

Cada minuto de vida é um minuto a menos,
não um minuto a mais.
Mal nascemos e já começamos a morrer.
ANDERSON CAVALCANTE

Você não está aqui por acaso. Nesta vida você está apenas de passagem. Você é um espírito ocupando um corpo, não um corpo ocupando um espírito. Há um propósito maior na existência humana. No entanto, a maioria de nós não tem consciência disso. Perdemos a dimensão espiritual da vida na mesquinhez do dia a dia. Não aproveitamos cada minuto de nossa existência como deveríamos. Em vez disso, deixamos o tempo escorrer por entre nossos dedos, enquanto estamos ocupados com coisas absolutamente sem importância.

Eu lido com gente o tempo todo e tenho percebido claramente que, cada vez mais, as pessoas estão vivendo sem dar um sentido à própria vida. A agenda está sempre cheia, mas quase sempre o vaivém não passa de movimento sem significado. As pessoas vivem enredadas em todo o tipo de afazeres, mas no fim do dia, do mês, do ano (da vida?) têm a sensação de que tudo isso não as levou a lugar algum. Portanto, não ponha mais dias em sua vida. Ponha mais vida em seus dias!

É muito comum empresas procurarem definir sua missão para se manter no caminho do crescimento e do desenvolvimento. Agora eu pergunto: e você? Você sabe qual é sua missão neste mundo? Já parou para pensar se está no caminho da evolução ou se estagnou na estrada? Alguma vez você olhou para dentro de si e se perguntou o que está fazendo neste planeta? Ou vai deixar a vida passar como se você fosse um tronco boiando no rio, deixando que a força das águas decida seu rumo?

Quantas pessoas não têm clareza de sua missão, de seus propósitos e levam a vida como um velho mascate? Vivem de trocas. Entram num emprego e na primeira dificuldade trocam; casam-se e se separam na mesma velocidade com que mudam de roupa; fazem amigos, mas não conseguem mantê-los. Pessoas assim adoram tentar, sempre acreditando que "o próximo será melhor". Grande erro! Não percebem que uma vida sem propósito não leva a lugar nenhum, não veem que o problema não é externo, mas está dentro delas mesmas. Só que olhar para dentro é um hábito que as pessoas vão deixando de lado. O mais comum é que elas apenas se olhem no espelho, para ver se estão com a aparência ditada pela moda.

É por isso que insisto: se você quer que a sua vida tenha mais sentido, defina seu propósito e, a partir daí, faça as escolhas certas para que possa sustentá-lo, coloque em prática as ações que o levarão à realização.

A missão é a energia que gera o alto desempenho. É a energia da vida. Os espiritualistas acreditam que pessoas com projetos de vida que beneficiam o próximo recebem de Deus uma espécie de bônus para viver mais, a fim de concluir sua missão. Mas há quem viva sem nunca sequer ter se perguntado o que está fazendo neste planeta, qual é o sentido de sua vida e o que pode fazer a fim de contribuir para um mundo melhor.

Se você estiver consciente de sua missão, de seu propósito, e se comprometer verdadeiramente com isso, será merecedor de uma colheita abundante de prosperidade e alegria como jamais imaginou. Pense bem e verá que a vida só vale a pena quando temos algo maior que nos impulsiona a ir além. Do contrário, ela pode ser apenas uma sucessão de dias mais ou menos interessantes.

Se você optar por levar uma vida sem sentido, sua existência poderá se transformar em um poço de frustração. No final de cada dia, ao se deitar para dormir, você terá o corpo cansado e a alma tensa. Porque sua alma precisa de muito mais do que o movimento frenético de seu corpo para se nutrir. Só que o dia a dia e os "compromissos" que você assume o afastam do que é essencial, daquilo de que sua alma realmente precisa.

Talvez você pergunte: "Tudo bem, mas onde está o essencial?" E eu lhe digo que é você quem precisa descobrir isso. A essência do que você é e deseja está dentro de si. Contudo, sobre essa luz que brilha no fundo de sua alma há uma montanha de entulho que você precisará remover para ter acesso a sua verdade. É como a história do Buda de barro:

Num vilarejo antigo, onde havia muitos seguidores de Buda, fizeram uma belíssima estátua do mestre em ouro maciço. Ao final do trabalho, maravilhados com a visão daquela obra esplêndida, eles se perguntaram se não haveria risco de roubarem a estátua. Então decidiram cobri-la de barro. Assim, os seguidores de Buda contemplavam a estátua diariamente com adoração e a sensação de estarem diante de algo sublime. Mas aqueles que não sabiam da verdade não viam motivo para tamanha reverência a uma simples estátua de barro, tosca e sem valor.

Você precisa descobrir o ouro escondido sob as camadas de barro que a vida foi depositando sobre seu ser, deixar esse ouro brilhar e banhá-lo com sua luz. Você não é uma estátua de barro. Todos nós temos nosso ouro oculto, talentos e virtudes para realizar algo extraordinário, mas é preciso que estejamos dispostos a buscar esse ouro dentro de nós.

A vida é cheia de mistérios, não sabemos exatamente como chegamos do caos ao cosmo. Sabemos apenas que não dá para fazer um rascunho de nossa existência e depois passá-lo a limpo. E mesmo que você acredite em reencarnação, na bênção de haver outra oportunidade, deve crer também que a evolução espiritual depende do que conseguimos realizar de grandioso em cada vida.

Choramos ao nascer porque não queremos sair do útero materno, nossa primeira morada, onde tudo era organizado, protegido e bem-cuidado, diferente do caos que enfrentamos ao chegar ao mundo. Só que depois choramos também ao morrer, ao abandonar este espaço que antes nos parecia hostil e opressor. Vai entender... Como diz meu pai: "Se morrer é um descanso, quero viver cansado." Por isso é preciso ter força e entusiasmo para superar os desafios e conflitos de cada dia com alegria, já que os conflitos são o principal indício de que você está realmente vivo.

Mas viver não é apenas passar pelo mundo. É preciso também aprender a ouvir seu próprio ser. Você precisa ouvir seu próprio chamado, que vem dessa zona quase inalcançável que há em você. Precisa encontrar sua verdadeira vocação, mesmo que ela esteja soterrada por uma infinidade de atividades que você assumiu ao longo da vida sem refletir se de fato fariam sentido para você.

Vocação vem do latim *vocare*, que significa chamado. É uma voz interior que teima em se fazer ouvir. Você já ouviu essa voz? Ou será que você é mais um dos que vivem perdidos, de um lado para outro, seduzidos pelo canto das sereias?

Como disse santo Agostinho: "Ninguém faz bem o que faz contra a vontade, mesmo que seja bom no que faz." Todos nós temos um chamado que precisamos atender se quisermos chegar mais perto de nossa realização pessoal. Mas esse chamado não pode ser confundido com a voz de seu chefe, que tem sempre uma lista de tarefas para você fazer, ou com a dos locutores das propagandas que invadem sua mente com mensagens como "Compre!", "Faça!", "Ganhe!", "Tenha!". A voz à qual me refiro é sua voz interior, uma voz que só você é capaz de escutar sem distorções de sentido.

Cada um de nós tem mecanismos para sintonizar essa frequência que vem do coração e ecoa por toda a alma. Se você prestar atenção, verá que de vez em quando uma ou outra nota dessa melodia o sensibiliza. Basta observar seus sentimentos e sublinhar aqueles momentos em que você faz as coisas com facilidade, contentamento e prazer. Momentos nos quais suas atribuições fluem naturalmente, os resultados são surpreendentes e você tem a nítida sensação de que nasceu para fazer aquilo.

Mesmo que você pense que seu caso é diferente, porque ainda não experimentou essa sensação, ouça o que tenho a dizer: é lógico que há pessoas que parecem nascer com predisposição genética para determinadas funções no mundo, mas, ainda assim, terão de desenvolvê-la se quiserem alcançar a plenitude desse talento.

Em outras palavras, todos somos potencialmente capazes de realizar grandes coisas. No entanto, o alcance dessa realização dependerá não apenas da habilidade inata, mas também em grande medida do empenho em se desenvolver. Este é um dos traços extraordinários da vida: tudo é possível desde que se criem as condições necessárias para o desenvolvimento.

Com habilidade inata ou não, todas as pessoas têm uma missão a desempenhar. Quando você veio para este planeta, trouxe na bagagem um talento que é só seu. Um talento para realizar algo grandioso.

Deus criou cada ser humano para ser único. Existem mais de 7 bilhões de pessoas no planeta, mas cada uma tem um ritmo diferente de batimento cardíaco, assim como cada um tem um desenho único da íris e da impressão digital. Segundo a psicologia, há cerca de 5 mil características específicas em cada um de nós, o que nos torna singulares e, portanto, absolutamente diferentes uns dos outros. Além desses traços físicos, Deus nos deu um dom que nos diferencia e nos define. Cada um tem o seu, mesmo que não o reconheça. É só uma questão de desenvolver – tirar a capa que o envolve e fazê-lo vir à luz.

O problema é que em vez de nos voltarmos para aquilo que é único em nós, fazemos justamente o contrário, buscando nos assemelhar àquilo que nos vendem como modelo. Modelos de beleza. Modelos de sucesso. Modelos de felicidade. Isso é uma tremenda bobagem! Não existem modelos prontos; cada um de nós, com aquilo que temos de único, precisa confeccionar no dia a dia o modelo que deseja vestir na vida.

Seu corpo, sua alma, seu sangue e suas células estão impregnados de centelhas desse talento único, cuja maior virtude é permitir que você realize sua missão. Talvez lhe falte apenas o movimento certo para mobilizar a potência do seu ser. Os filósofos antigos acreditavam que tudo na natureza tinha um ser em potencial que precisava ser desenvolvido.

Os budistas não acreditam em felicidade. Eles buscam uma vida de plenitude. Ter uma vida de plenitude significa estar inteiro no que você está vivendo ou fazendo, sem ficar preso ao passado nem preocupado com o futuro. Levar uma vida plena tem a ver com manter o vínculo com algo maior no momento presente, algo que nos transcende. Mas como nos ligar ou religar àquilo que nos transcende (esse é o propósito de todas as religiões) se não conseguimos nos desligar daquilo que serve apenas para roubar nosso tempo?

O primeiro passo, portanto, talvez seja se empenhar para estar não apenas fisicamente, mas verdadeiramente presente naquilo que você faz. Quantas vezes, em uma caminhada no parque — momento que deveria ser apenas seu —, o celular o acompanha e você permanece o tempo todo conectado com os negócios e absolutamente desconectado de seu interior? Ou, em um almoço de família, em vez de curtir o momento e dar atenção às pessoas, você fica preocupado com a reunião difícil que terá no dia seguinte?

Imagine que um dia alguém lhe diga quão marcante foi aquele almoço e você perceba que na verdade não esteve lá de fato porque perdeu os melhores lances, as brincadeiras, a gargalhada de seu pai, que ficou perdida na névoa de seus pensamentos. Talvez nesse dia você comece a se perguntar: "Onde estive durante todo esse tempo?"

Quando você experimenta a sensação de plenitude, deve ficar atento e fazer de tudo para capturar esse momento, para não deixar que ele escape. Assim você pode descobrir os mecanismos que desencadearam essa sensação e se apropriar deles. É engraçado porque se trata de se apropriar do que é seu, do que já lhe pertence. Se pensar bem, verá que há muitas coisas na vida que nos pertencem (em geral muito valiosas), mas que deixamos se deteriorar sem que percebamos.

Isso acontece com o amor dos pais, dos filhos, dos companheiros. Quantos de nós já perdemos o amor que tínhamos por pura miopia emocional, por não sermos capazes de reconhecer esse amor como nosso e, portanto, digno do nosso cuidado e zelo?

Há pessoas que se matam de trabalhar por dinheiro e usam como justificativa o fato de que querem dar uma condição de vida melhor para os filhos. É fundamental trabalhar e é ótimo que nosso trabalho se reverta em dinheiro para proporcionarmos uma vida confortável às pessoas que amamos. Mas às vezes me pergunto se os filhos que são usados como justificativa para a fixação pelo trabalho não optariam por uma vida menos confortável em troca de uma convivência maior com os pais. Se o menino não trocaria o videogame de última geração por um jogo de futebol com o pai toda sexta-feira no final do dia; se a menina não trocaria as bonecas que falam por um passeio semanal no parque com a mãe para conversar sobre tudo (mãe e filha, não filha e boneca), ou por algumas horas juntas, assistindo a um filme e comendo pipoca. Imagine a cumplicidade que estaria sendo construída nesses momentos!

Eu sei que é importante pagar uma boa escola para os filhos, arcar com um bom plano de saúde, mas sua vida não pode se limitar a trabalhar para pagar contas! Trata-se de um grande desafio, mas é necessário e urgente aprender a encontrar espaço em sua vida para elaborar e realizar propósitos maiores. E se você não consegue encontrar um propósito maior nem mesmo na relação com as pessoas mais importantes – pais, filhos, irmãos, companheiros e amigos –, como vai estabelecer propósitos maiores para sua vida?

O dinheiro é apenas a consequência de um excelente trabalho, mas não é a quantidade de horas que você passa no trabalho que define a excelência do que você faz. As horas trabalhadas em geral não são proporcionais a seus rendimentos ou a sua competência. Se fosse assim, cortadores de cana ganhariam muito bem, afinal trabalham de sol a sol e são especializadíssimos no que fazem. É simples assim.

Há quem coloque o dinheiro na frente do trabalho, e o dinheiro passa a ser objetivo de vida – e isso jamais deve acontecer. Eu adoro ter dinheiro, mas aquele que me traz coisas de que gosto, e não que me tira das coisas de que gosto, que me tira conhecimento, a saúde, o vínculo com as pessoas que amo. Esse dinheiro eu dispenso, porque dinheiro bom é aquele que faz você se sentir seguro, não aquele que o aprisiona. Lembre-se sempre de que alguns possuem dinheiro, outros são possuídos por ele.

Muitas vezes o que está por trás desse comportamento é o fato de que as pessoas que não descobriram sua missão se sentem vazias e transferem todas as suas energias para o trabalho, transformando-o no centro de gravidade da vida. Como não têm nada mais que lhes dê prazer e satisfação, passam a gostar mais do trabalho do que de todo o restante, colocam nele toda a sua ambição e criam um mundo paralelo e isolado. E, o pior, acham que gostam daquilo, porque já se afastaram de seus verdadeiros desejos a ponto de não conseguirem mais reconhecê-los.

Quem já não se afundou em atividades que nada tinham a ver com seu eu enquanto aquilo que de fato lhe proporcionava real prazer estava bem ali ao lado, na mesa de um colega de trabalho ou em outro prédio da faculdade? Há pessoas que trabalham com finanças, mas seu talento verdadeiro é lidar com pessoas. Gente que está no curso de direito, mas cujo sonho é fazer teatro. Todas essas pessoas têm um talento que lhes pertence, porém não conseguem assumir o que é seu. Elas morrem um pouco a cada dia porque estão matando a própria essência.

Do outro lado estão as pessoas cujas relações, trabalho e aprendizado fluem como um rio de leito tranquilo. São aquelas que realmente ouvem e cumprem sua verdadeira vocação. É claro que isso não significa que vivam sem nenhum tipo de conflito ou de insegurança, porque esses sentimentos fazem parte da natureza humana. Mas como estão certas sobre o caminho que escolheram, elas se sentem mais aptas a enfrentar eventuais adversidades.

Agora eu pergunto: de que lado você está? Na margem dos que veem as águas correrem e que morrem de sede diante de uma fonte cristalina ou na dos que se atiram a sua vocação, a seu desejo, com coragem e confiança?

Pense nisso, pois, se sua opção for deixar seu desejo de lado, inevitavelmente você será apenas mais um a engrossar a lista de pessoas vazias ou, o que é pior, que desperdiçam a vida lutando contra o que dita sua própria alma.

É claro que, nesse caso, é provável que sua primeira reação seja dizer que se você não está fazendo o que sua alma manda agora não é porque não sabe o que quer, mas porque as circunstâncias exigem que seja assim. As circunstâncias, porém, não podem ser mais fortes do que sua alma.

Viver desse modo é sofrer. Sofrer não tem absolutamente nada a ver com as circunstâncias e os acontecimentos de sua vida, mas com suas reações diante deles. Não importa o que esteja acontecendo, e sim como você se sente sobre o que está acontecendo. O ponto é o que você faz com isso. Fingir que não existe um problema e colocar tudo embaixo do tapete não resolve nada, muito pelo contrário. Essa atitude só fará você implodir uma hora qualquer! Porque, se você não for capaz de falar, seu corpo falará por você. Jacques Lacan, psicanalista francês, dizia que doenças são palavras não ditas. Se você não é capaz de dizer a verdade a si mesmo, corre um sério risco de somatizar essa sensação e ficar doente.

As pessoas que atingem algum nível verdadeiro de realização são justamente aquelas que superam as circunstâncias da vida e agem conforme seu coração. Estou falando de pessoas que aprenderam a sentir com a cabeça e a pensar com o coração. São elas que ouvem o chamado essencial, que vão se destacar em qualquer área.

Quantos se enganam com a velha desculpa de que "no futuro tudo vai ser diferente"? O futuro é agora. As pessoas falam do futuro e do passado e esquecem que o tempo que importa é o presente. Como diz meu amigo Christian Barbosa, especialista em gestão do tempo e produtividade, "O tempo que importa é o hoje alinhado com o que você quer amanhã; o passado já foi, o futuro não chegou ainda". Então, pare de se enganar e comece agora mesmo a buscar sua realização.

Lembre-se deste comentário do pastor norte-americano Rick Warren: "A importância das coisas pode ser medida pelo tempo que estamos dispostos a investir nelas. Quanto maior o tempo dedicado a algo, mais você demonstra a importância e o valor que isso tem para você. Se você quiser conhecer as prioridades de uma pessoa, observe a forma como ela utiliza o tempo."

Aliás, um dos maiores erros que cometemos na vida é em relação ao tempo. O tempo do relógio não existe. O tempo é um estado de espírito. É uma questão de percepção. Basta observar que o tempo passa rápido demais para quem está feliz e que demora a passar para quem está triste ou angustiado.

Olhe para sua vida. Se todo dia você não vê a hora de sair do trabalho, se seu dia parece ter muito mais de 24 horas, reflita sobre seu estado de espírito.

Cada minuto passado no relógio está encurtando o que você chama de futuro. Quantas pessoas se sentem massacradas em uma atividade desgastante e usam como desculpa: "Vou ganhar dinheiro, juntar uma boa poupança e depois eu paro" ou "Até que não é tão ruim assim". Pois eu digo que esse é o princípio da mediocridade! Se você aceita fazer menos do que é capaz, está mostrando quão diminuído se sente em relação a si mesmo. E aqui me lembro de uma frase do psicólogo e médium Luiz Antonio Gasparetto: "Não existe injustiça no mundo, cada um está onde merece estar."

Muitas pessoas se acomodam em uma função e demonstram claramente que não estão dispostas a buscar novos conhecimentos, a desenvolver seu potencial. É comum que elas só tomem consciência de seu potencial quando vivem uma experiência-limite, quando são obrigadas a enfrentar um drama, quando têm um choque de realidade.

Geralmente, só nesses momentos as pessoas passam a tomar decisões, a querer mais da vida e de si mesmas. Aí, sim, percebem que são capazes de muito mais do que pensavam. Ou seja, as situações-limite são muitas vezes oportunidades que a vida nos traz. Nesses momentos, temos duas possibilidades: assumir o papel de vítima e ficar esperando que os outros tenham pena de nós ou assumir o papel de protagonista e desenvolver nosso potencial de realização para transformar a nossa vida.

Confúcio, o filósofo chinês, disse: "Escolhe o trabalho de que gostas e não terás de trabalhar um único dia em tua vida." Ouça sua vocação. Faça o que seu coração manda. Seja fiel a sua essência. Não ofereça resistência ao que você realmente deseja. Caso contrário, você estará lutando contra a pessoa mais importante de sua vida: você mesmo. Obedeça ao seu coração! Mas faça isso de verdade, sem meias palavras nem meias atitudes, porque obedecer parcialmente é desobedecer.

Talvez você pense: "É claro que eu adoraria largar tudo e fazer o que realmente gosto! Mas preciso pagar minhas contas. Tenho compromissos. Vivo com pessoas que podem ser muito afetadas caso eu resolva fazer uma virada radical em minha vida!" Tudo bem. Seu argumento é legítimo, mas tem prazo de validade. Vale por um período, não por toda a vida. Planejar que você vai se dedicar durante um período a uma atividade que não seja a que você realmente escolheu e fazer disso uma alavanca para a realização de seu verdadeiro sonho é uma estratégia interessante. Mas não permita que essa circunstância se cristalize a ponto de se tornar um impedimento para que você vivencie sua essência.

Para isso, é preciso mobilizar a coragem que existe dentro de você, porque sem ela é difícil até mesmo se levantar da cama ou sair para a rua. É preciso ter coragem para viver e para enfrentar os desafios da vida e, mais ainda, é preciso ter coragem para que você seja o que quiser ser, para bancar seus desejos e sonhos, independentemente do que os outros falem ou pensem.

Você pode pensar: "Mas eu tenho medo." Ora, todo mundo tem. Alguns têm medo da vida, outros do viver. Tome cuidado com o medo que você alimenta porque ele pode aprisioná-lo, e essa é a pior das prisões que existe no mundo. É uma prisão sem celas, sem muros nem guardas, de onde é difícil escapar porque é uma prisão interior, da qual só você pode encontrar a saída.

A chave para a liberdade é a coragem. Mas coragem não é ausência de medo. Ter coragem é ter consciência do tamanho do desafio e estar disposto a caminhar nessa direção. Isso significa que você é capaz de superar o medo e com isso realizar o que sua consciência quer fazer. O medo é um sentimento em certa medida positivo, porque protege você de situações de risco. Mas o medo desmedido pode paralisá-lo. Você precisa controlar o medo em vez de ser controlado por ele.

Ter coragem é ser capaz de fazer o que os outros não esperam que a gente faça, é ir contra a corrente se preciso, confrontando a incerteza, e não se deixar intimidar pelas dificuldades que aparecem no caminho.

Ou, como nesta anedota: uma professora aplicava um exame final e deu como tema de redação a coragem. Ao ouvir as orientações, um dos alunos imediatamente colocou seu nome na prova, escreveu uma única frase, levantou-se, entregou a folha e foi embora. A professora, ao mesmo tempo surpresa e indignada, leu a frase formada por apenas três palavras: "Coragem é isto!"

Portanto, para que você se sinta mais encorajado e para que estas palavras não caiam no limbo – aquela zona do cérebro para a qual vão todas as informações não elaboradas e não interiorizadas, que atingem apenas a mente, sem fazer sentido à alma nem ao coração –, comprometa-se consigo mesmo a reservar um tempo para refletir e buscar com clareza sua missão de vida.

Mais que isso, imagine-se diante do Criador tendo de responder à pergunta fatal: "Você cumpriu sua missão?" Coloque foco e energia nisso. Não desvie sua atenção dessa busca. Pergunte-se qual é a melhor contribuição que você pode dar ao mundo. Sonde sua alma, cutuque seu coração e diga a si mesmo o que está faltando em sua vida para que você se sinta plenamente realizado.

Quando você estiver certo de que chegou a uma resposta, diga sua missão em voz alta e sentirá o eco que ela produz em sua alma! Sinta o quanto ela preenche seu coração, aquece seu espírito. Repita sua missão quantas vezes seu desejo pedir. Esse é um jeito de atingir não apenas sua zona mental, mas também sua zona emocional, aquele recanto da alma que fica inacessível no dia a dia, na confusão do trânsito, nos espaços preenchidos da agenda, nas preocupações financeiras.

Este é um dos principais males de nosso século: a vida nos chama o tempo todo a agir e não nos deixa espaço e tempo para ser. Por isso, é fácil cair na tentação de focar as energias na ação e esquecer completamente a missão.

Muitos médicos estão se desvirtuando da missão para se concentrar apenas na ação. São incansáveis no esforço para cumprir todas as etapas estafantes necessárias à meta de se formar e poder exercer sua profissão: ensinos fundamental e médio, curso pré-vestibular, seis anos de faculdade, mais alguns de residência e especializações. Mas, quando atingem seu objetivo, quando cumprem a missão que os inspirou, nesse momento em que deveriam dizer "Muito bem, agora posso ser o que tanto lutei para ser", muitas vezes se perdem e empreendem uma nova jornada, tão estafante quanto a anterior – "recuperar os anos de investimento".

Qual é a primeira missão de um médico se não a de lutar pela vida e promover a saúde e o bem-estar? No entanto, não é essa a "missão" à qual parte deles se dedica quando finalmente recebe a chancela para praticar a profissão.

Sonho com o dia em que os médicos altamente atualizados em termos de tecnologia voltem a ser médicos altamente especializados também em termos de humanidade. Sonho com o dia em que esses profissionais resgatem sua missão do limbo em que ficou afundada.

Nesse dia, talvez os médicos voltem a enxergar seus pacientes como seres inteiros, e não mais como um conjunto de órgãos recobertos por pele. Talvez passem a ver os pacientes com o olhar da contemplação, o olhar que permite sentir e não apenas enxergar!

Quando isso acontecer, no momento em que o paciente entrar no consultório, o médico dará toda a atenção que ele merece como ser humano e talvez descubra que, em muitos casos, o indivíduo que está diante dele precisa apenas de uma pequena dose de atenção e algumas gotas de tempo. Simples assim, porque a atenção está cada vez mais rara no mundo de hoje.

Nesse dia, quando você, seu filho, seu pai ou seu irmão precisarem de um médico, talvez possam contar com alguém que consiga ver além dos resultados dos exames. Um médico capaz de olhar o paciente nos olhos, ler sua expressão facial e corporal, perguntar com interesse real sobre sua vida, seus hábitos e sua rotina, prestando atenção a seu tom de voz e a seus gestos.

E quem sabe, ao final da consulta, o médico comprometido com sua missão, consciente de que transformar pequenos hábitos contribui para chegar a grandes resultados, seja capaz de dizer ao seu paciente, com toda a convicção, "Tome este remédio se a dor persistir, mas experimente ler o livro X porque ele poderá ajudá-lo a entender melhor suas emoções e a reduzir sua dor"; ou "Aplique esta pomada no local dolorido uma vez ao dia, mas associe a este tratamento o hábito de caminhar descalço na grama de manhã e à tarde"; ou ainda "Tome um comprimido deste até a dor passar, mas faça também guerra de travesseiro e coma brigadeiro de colher com seus filhos, no mínimo, uma vez por semana".

Tenho certeza de que, quando esse dia chegar, qualquer paciente já estará se sentindo bem melhor ao sair do consultório.

Porque ser médico é lutar pela vida e promover o bem-estar. E, para estar bem, o ser humano precisa ser olhado, ouvido e tocado, física e emocionalmente. Justamente o contrário do que ocorre hoje, quando tudo o que alguns médicos fazem é fugir desse contato, escondendo-se atrás de exames e medicamentos que os impeçam de olhar, ouvir, tocar e, muito menos, sentir o paciente.

Porque esses médicos perderam de vista a missão e a substituíram por números: a quantidade de consultas por dia, os reais na conta-corrente, o valor do reembolso do convênio médico, os dígitos na declaração de imposto de renda, o número de carros na garagem.

Tenho o privilégio de ser paciente de médicos realmente especiais, que, além de nunca parar de estudar e se aperfeiçoar do ponto de vista técnico, estão sempre buscando maneiras novas de fazer seus pacientes se sentirem bem. Tanto a dra. Marli Farah quanto o dr. Gilberto Massari e o dr. Marcelo Afonso Gonçalves me fazem sentir a pessoa mais importante do mundo quando estou em consulta, tamanho seu interesse em saber como estou me sentindo. E como se essa atenção e carinho não fossem suficientes, eles me ligam alguns dias depois da consulta para saber como tenho passado, se melhorei, se tive alguma reação aos remédios etc. E não estou falando de ligações frias como aquelas do pessoal de telemarketing, estou dizendo que eles me ligam porque se interessam verdadeiramente por minha recuperação, por meu bem-estar.

Há muitos médicos vivendo sua missão, se doando para que os outros se sintam melhor, vivam melhor. Conheço casos de médicos que correm a semana toda para dar conta de plantões, cirurgias e atendimentos, muitas vezes trabalhando em hospitais públicos quase sem infraestrutura. Nos fins de semana, quando deveriam pensar apenas em descansar, usam seu tempo para atender pacientes sem recursos nas periferias das grandes cidades ou no interior deste imenso país. São médicos que encontraram sua verdadeira vocação e exercem seu trabalho com prazer e alegria.

Outro exemplo de que gosto muito é o do professor. Sabemos que há tempos essa profissão não recebe o reconhecimento que merece. Como se não bastassem a falta de estrutura nas escolas, os salários defasados, a impossibilidade de continuarem se aperfeiçoando como merecem e desejam, agora se tornaram comuns as agressões verbais e até mesmo físicas contra esses profissionais.

Cada vez que vejo alguma notícia desse tipo sou tomado por um misto de tristeza e revolta. Sou fã incondicional de todos os educadores do Brasil, homens e mulheres que resistem bravamente mesmo quando tudo conspira para que eles desistam. Porque somente um ser humano muito convicto de sua missão de formar cidadãos melhores é capaz de se resignar diante de todas essas circunstâncias brutais e seguir em frente.

Imagino que esses professores seguem na luta porque são capazes de se alimentar das pequenas conquistas diárias obtidas em sala de aula, muitas delas imperceptíveis para quem está de fora. É no sorriso cativante de um aluno (mesmo que seja um único aluno) ou no espanto de outro diante de determinado conhecimento que reside a recompensa desses profissionais.

Mas só quem tem o papel de educar como missão de vida é capaz de vivenciar essa sensação gratificante em meio a tanta desvalorização. No fundo da alma esses professores sentem que podem fazer diferença na vida dos alunos; um apenas já fará valer o esforço. E todos conhecemos casos de pessoas que tiveram a vida transformada pela palavra inspiradora de um professor.

Mais que um exemplo de como é possível realizar uma missão grandiosa, e ao mesmo tempo cotidiana, gostaria que este registro fosse lido também como um símbolo de minha admiração e respeito por todos vocês, educadores, e pela luta diária que empreendem para iluminar a vida daqueles que serão o futuro do nosso país.

Agora pense nisto: será que você, na sua profissão, no seu trabalho, na sua vida pessoal e amorosa está agindo conforme sua essência?

Minha proposta é que se volte para dentro de si mesmo, buscando ouvir sua voz interior, deixando seu ser falar.

Não estamos utilizando toda a nossa habilidade intelectual ou nossa capacidade plena de raciocínio para fazer o que realmente importa. É preciso despertar para realizar seu propósito, sua missão, desafiar-se a desenvolver todo o potencial e talento que você recebeu de Deus para ir em busca de algo maior.

Somente com uma visão mais aguçada você será capaz de ver a vida por outro ângulo, de perceber o que realmente importa, ou seja, que a vida só faz sentido se você estiver realizando, contribuindo, servindo a algo maior que seus próprios interesses, vivendo sua missão. Se assim fosse, tenho certeza de que não teríamos bilhões de calmantes e antidepressivos sendo consumidos por ano, pois as pessoas passariam a ter mais saúde física, mental e espiritual e, de quebra, um sono tranquilo.

Se você não realizar sua missão, se não viver as coisas boas que a vida lhe oferece, não aprender a desfrutar os prazeres da vida que estão ao seu alcance, corre sério risco de precisar tomar remédio para conseguir dormir, e aí a vida vai ficar muito complicada.

As pessoas que descobriram que a vida deve ser vivida em sua plenitude e abundância conseguem trabalhar pesado, se preciso durante todo o dia, e à noite ainda têm energia para curtir a família e a si mesmas. Depois de um dia assim, dormirão um sono tranquilo, sabendo que no dia seguinte estarão energizadas e recuperadas para continuar a caminhada rumo a sua missão.

Viver uma vida sem propósito é viver sem liberdade de crescer. Mais que isso, é não viver, porque em verdade nascemos para realizar nossa missão. É isso que realmente importa. Essa é nossa natureza e não podemos aceitar nada menos que isso. E quando estamos distantes de nossa missão, nossa força se perde em coisas absolutamente sem sentido.

Sabemos que o mundo está cheio de pessoas que apenas sobrevivem, ou seja, pessoas que escapam da morte todos os dias, pois correm risco o tempo todo. Nessa categoria estão todos os desvalidos do mundo, os milhões que contam com menos de um real por dia para se manter. Pessoas sem alimento, moradia, saúde, que vivem abaixo da linha de pobreza. Infelizmente, para a maioria delas, a sobrevivência é prioridade absoluta e não lhes resta tempo nem consciência para pensar em missão, essência, vocação, porque estão ocupadas em sobreviver fisicamente.

Em outro patamar estão as pessoas que vivem aprisionadas à necessidade de ganhar a vida. Conseguem se manter, em geral com o resultado do próprio trabalho, mas gastam todo o seu tempo nessa luta, de modo que não descobrem o caminho para ir além disso. É aquela história do trabalhador que levanta de madrugada, pega duas ou três conduções para chegar ao trabalho, se empenha oito horas por dia e depois refaz o caminho de mais duas ou três horas para voltar para casa, dormir e acordar no dia seguinte a fim de cumprir a mesma rotina. Nos fins de semana, esse homem ou essa mulher, que apenas vive, vai cuidar da casa ou se refugiar na televisão, no futebol ou na bebida, para aguentar o tranco de começar tudo de novo na segunda-feira.

E não pense que essa é uma condição exclusiva do trabalhador de baixa renda. Nesse mesmo barco estão os empresários ou executivos que trabalham 12, 14, 16 horas por dia, viajam bastante, estão cada dia em uma cidade, pensando em conquistar mais e mais, sempre. Pessoas que quase não têm tempo para cuidar da saúde, da família, dos filhos, porque precisam estar alerta o tempo todo, numa competição desenfreada. Nos fins de semana, muitas vezes, esses homens e mulheres não conseguem se desligar do trabalho e se refugiam atrás do monte de tarefas que levam para casa, dos intermináveis e-mails para responder e documentos para ler e assinar ou mesmo atrás de uísques 12 anos e pílulas que prometem felicidade. Você pode dizer: "Ah, mas pelo menos eles têm dinheiro!" É verdade, mas de que vale o dinheiro quando não se consegue sequer usufruir dele? Pessoas assim são muito pobres, muito pobres, mas muito pobres, porque a única coisa que elas têm é dinheiro!

É triste quando pensamos nas vidas que seguem esses caminhos, porque tenho certeza de que não era esse o destino que Deus queria para elas. Deus criou o homem para viver em abundância, e viver em abundância é muito diferente de lutar para sobreviver ou levar uma vida quase mecânica, empenhada apenas em ganhar o pão de cada dia ou em manter um status que em nada contribui para a sensação de plenitude que no fundo todos desejam e merecem.

Mais triste ainda é pensar que, além de apenas sobreviver ou viver de forma limitada, grande parcela da humanidade não existe, porque existir pressupõe uma dimensão maior do que estar no mundo fisicamente. Existir é mais do que ganhar a vida no dia a dia, trabalhar para pagar as contas, ou mesmo passar os dias criando mecanismos para garantir a continuidade de uma vida de luxo. Existir é estar conectado com algo maior.

Muitas pessoas "subexistem" porque estão completamente privadas da possibilidade de se conhecer, de pensar no que são, no que querem realizar de importante para transcender seus próprios desejos e sonhos a ponto de contribuir para algo que faça diferença na vida de outras pessoas também.

Se toda a minha energia é usada para me manter fisicamente vivo, ou seja, alimentado, abrigado e com condições mínimas de sobrevivência, é natural que pouco ou nada eu consiga fazer em outra direção.

Mas mesmo entre os que já supriram essas necessidades básicas é difícil encontrar quem escape das armadilhas da alienação que os meios de comunicação e os valores preponderantes em nosso tempo impõem e consiga descobrir o que é existir de verdade.

Para existir plenamente, o ser humano precisa ser capaz de pensar e de sentir a si mesmo, e com isso desenvolver seu potencial, encontrar a missão que carrega na alma e exercê-la, de preferência envolvendo e beneficiando outras pessoas. Isso é existir plenamente, não só como indivíduo, mas como parte do grupo!

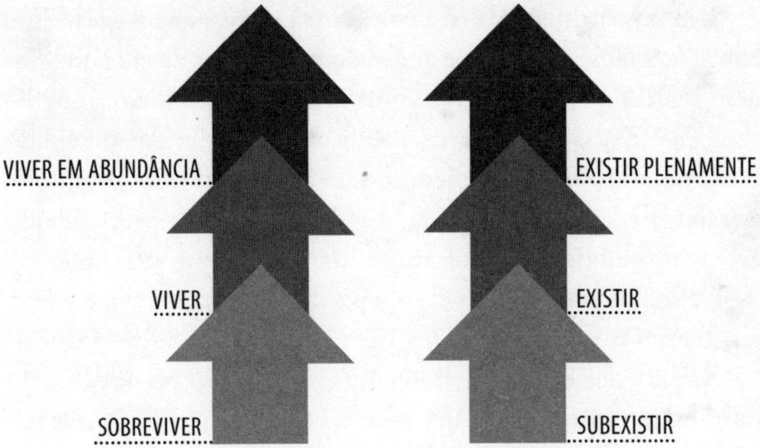

Por isso minha proposta é: vá em frente, descubra e faça o que realmente importa para sua existência real e plena. A vida passa rápido demais, temos tão pouco tempo... Como podemos desperdiçar o "agora" fazendo coisas que não estão de acordo com nossa missão? Como podemos abrir mão de existir plenamente?

Um dos grandes indícios de que estamos no caminho certo é a qualidade de nossa saúde e de nosso sono. Se, à noite, colocamos a cabeça no travesseiro e dormimos tranquilos, é sinal de que estamos seguindo rumo à realização de nosso propósito. Esse é um indicador excelente para você avaliar sua caminhada. E aí? Que tipo de sono você tem? Tem tido bons sonhos ou só pesadelos? Tem acordado descansado ou como se nem tivesse passado pela cama?

A missão é o combustível da alma! A missão nunca deixa apagar a chama de seu espírito. Ela a mantém sempre acesa, sabe por quê? Porque ela é a própria chama!

Tenha uma missão grandiosa, se tiver vontade. Uma missão tão grandiosa que você precise envolver muitas outras pessoas para ajudá-lo a realizá-la. Se você for bem-sucedido, certamente as gerações seguintes darão continuidade a sua missão.

Sem missão sua vida fica como uma refeição sem gosto, um barco sem leme. Não deixe que as circunstâncias da vida direcionem seu caminho. Viver sem missão é um desperdício. É como se você estivesse permanentemente adormecido, em profundo estado de torpor ou sonolência. Uma vida sem missão o limita a respirar e a passar pela vida, a acordar e dormir preenchendo esse meio-tempo sem nenhuma atitude realmente relevante.

Defina sua missão de vida e, a partir daí, canalize sua energia, seu tempo e suas habilidades para a realização desse propósito. Assim você estará inteiramente concentrado no que de fato importa para você. Todo dia você acordará com o vigor que somente uma missão é capaz de gerar, e irá dormir um sono muito mais acolhedor porque sentirá na alma que fez o que precisava ser feito rumo a sua autorrealização.

Meu objetivo agora é desafiá-lo a ir em busca da realização de todo o seu potencial, a viver de forma tão intensa que, na hora de dormir, você sinta um tremendo orgulho das pegadas que tem deixado neste mundo. Vamos em frente?

II. VISÃO

Ver o invisível

Nenhum vento sopra a favor
de quem não sabe para onde ir.
SÊNECA

No livro *Alice no País das Maravilhas*, de Lewis Carroll, a certa altura, Alice pergunta ao Gato de Cheshire que caminho tomar dali em diante. O gato diz: "Depende do lugar aonde você quer chegar." Quando Alice responde que pode ser qualquer lugar, o gato retruca: "Então não importa que caminho você vai tomar."

Se você tem clareza de sua missão, do rumo que deve tomar, se tem convicção disso e vive essa verdade, você não terá dúvidas sobre qual caminho seguir, pois qualquer que seja seu caminho você conseguirá perceber os pontos em que ele o aproxima ou o afasta de seu destino. Se você não sabe aonde quer chegar, qualquer caminho serve, porque, no final das contas, você não está indo a lugar algum.

Procure visualizar seu caminho e seu destino. Ter uma visão sobre como você quer que sua vida seja é fazer um convite para o gestor de sua vida, é chamá-lo a embarcar com você rumo ao destino que pretende alcançar. Uma vez visualizados sua missão e seu caminho, você poderá estender esse convite a todos aqueles que possam contribuir para a realização de sua missão.

Mas, para isso, primeiro é preciso que você tenha clareza em relação a esse percurso. Qual é sua visão de futuro? Aonde você quer chegar?

Quando parar para refletir sobre isso, seja exigente consigo mesmo, não tenha medo de ambicionar algo grandioso. Ouse tentar ver o que é invisível! Ver além é estar apto a enxergar mais do que seus olhos são capazes de reconhecer como possível. Sempre que tem clareza de sua missão, você consegue visualizar a si mesmo realizando seus sonhos, mesmo que ainda não os tenha alcançado concretamente. É como se você já estivesse lá.

Um dos objetivos deste livro é lhe proporcionar outros elementos que contribuam para você descobrir e alcançar sua missão. Para isso, você precisa avaliar o que viveu até agora e repensar seu caminho a partir daqui. Este livro, portanto, é direcionado ao líder ou gestor da sua vida. A única pessoa plenamente responsável por suas decisões, falas, atitudes e passos. E essa pessoa é você mesmo! Você é o líder ou gestor da sua vida. Aquele que pode pôr em prática seu plano de desenvolvimento.

Então eu proponho que você olhe para o líder ou gestor da sua vida e avalie: ele tem respeitado seus valores? Tem seguido as diretrizes que você estabeleceu para sua vida? Tem respeitado sua visão de futuro, sua missão? Tem contribuído de maneira decisiva para a realização das metas que você estabeleceu? Seu líder ou gestor tem se concentrado no que realmente importa?

Empresas criam planejamentos estratégicos. Aqui vamos falar do planejamento estratégico da sua vida. Pois da mesma forma que as empresas avaliam seus resultados com balanços periódicos para se certificar de que estão indo na direção planejada e fazer os ajustes necessários, eu quero convidá-lo a fazer um balanço da sua existência.

No trabalho usamos ferramentas para alcançar metas importantes e ambiciosas, mas por que não as usamos em outros setores da vida? No trabalho buscamos digerir o que os outros nos dizem antes de entrar em um conflito, mas por que em casa, com as pessoas que amamos, não temos essa paciência? Por que contamos até dez e mordemos a língua antes de falar agressivamente no trabalho, mas em casa, com a pessoa amada, tendemos a agir como uma metralhadora ao menor sinal de confronto?

Esse balanço, sim, é importante para sua vida! Pois ele não é apenas uma foto do que já foi, mas a oportunidade para você resgatar seu verdadeiro eu e ser diferente daqui em diante, se assim decidir. Esse balanço o ajudará a se olhar no espelho da próxima vez e reconhecer a pessoa que está vendo!

Já imaginou o benefício de você e o líder da sua vida estarem alinhados no propósito, tendo clareza sobre objetivos e metas e, principalmente, de mãos dadas com a vida? Você desfrutará o prazer da existência, viverá em plenitude, fará valer o desejo do Criador, será merecedor do sopro de vida que recebeu.

E aí, vamos começar seu plano de vida?

Comece refletindo sobre os seguintes aspectos:

- Quando você era criança, que tipo de brincadeira ou aprendizado despertava mais seu interesse?
- Quais as pessoas que você mais admirava quando era criança e o que nelas lhe chamava atenção?
- Os interesses da infância acompanharam você durante a adolescência? Nessa fase, que tipo de tarefa você detestava e só fazia obrigado?
- Qual é a aspiração profissional ou emocional que grita dentro de você hoje? Ela tem a ver com algum desejo que você deixou para trás na infância?
- O que, de fato, você gosta de fazer, sem ser obrigado?
- Se pudesse voltar no tempo, o que faria diferente?
- E o que não faria diferente se tivesse essa oportunidade?

O ideal é ler este livro fazendo anotações, para que você não perca suas valiosas observações. Estamos falando do plano da pessoa mais importante da sua vida: você.

Reserve um tempo para isso, tal como se programa para um compromisso inadiável. Rememore sua vida. Destaque os pontos de virada de sua vida. Sublinhe na memória os momentos em que tudo parecia ter um sentido verdadeiro. Busque dentro de você lembranças de situações nas quais se sentiu plenamente realizado, convicto de estar fazendo algo que realmente valia a pena.

Faça uma retrospectiva, lembre-se de tudo o que viveu: experiências reveladoras, as de que você mais gostou, momentos difíceis ou de profunda tristeza, de raiva e irritação, de superação ou do que quer que seja.

Nesse balanço, a visão da antroposofia pode ajudar muito. Os filósofos antroposofistas dividem a vida em fases que se alternam de sete em sete anos (os setênios). Para eles, a cada sete anos fechamos um ciclo de nossa vida e iniciamos outro. Esse jeito de avaliar a vida faz parte de uma ideia comum aos filósofos antroposóficos de que é preciso tornar o ser humano mais humano. E ser mais humano significa, dentre outras coisas, ser capaz de pensar sobre si mesmo, de se apropriar da própria biografia.

Como a cada sete anos há eventos importantes no desenvolvimento humano, traçar um esboço de como esses ciclos ficaram marcados em sua vida ajuda a compreender melhor o que se passou. Além disso, saber quais são os fatores críticos de cada fase é um jeito de se preparar para situações que precisarão ser vivenciadas com serenidade e entendimento.

Para que nada se perca, minha sugestão é que você faça sua linha da vida dividindo-a em ciclos de sete anos e destacando os fatos marcantes de cada fase. Se quiser utilizar um modelo idêntico ao do livro, acesse o site www.andersoncavalcante.com.br e faça o download do modelo da linha da vida.

Provavelmente você perceberá que em cada ciclo houve o desenvolvimento de alguma capacidade muito importante ou conquistas fundamentais. É provável que você perceba também que nunca havia pensado em quão importantes foram esses passos para conduzi-lo até os dias de hoje.

O que aconteceu na minha vida a cada setênio...

Primeiro setênio (do nascimento a 7 anos)

Nessa fase, todo o seu aprendizado em relação ao mundo se deu por imitação. É quando as crianças aprendem a brincar, a andar, a falar. Lembre-se, como sugeri antes, de quais eram suas grandes alegrias e prazeres na infância; de quais brincadeiras você mais gostava e quais foram os fatos marcantes desse período.

Segundo setênio (de 7 a 14 anos)

O segundo setênio marca a passagem da criança do mundo estritamente familiar para o mundo social, bem como o primeiro espaço de socialização importante: a escola. Se você pensar bem, talvez se lembre de algum professor ou professora que o inspirou nessa época. Alguém com quem você se identificava a ponto de querer imitá-lo. É possível também que você tenha vivido alguma espécie de decepção, ao descobrir, por exemplo, que seus pais não eram heróis, mas pessoas de carne e osso, com medos e limitações como qualquer ser humano.

Terceiro setênio (de 14 a 21 anos)

Essa foi a fase em que sua identidade começou a se formar. Seus interesses, provavelmente, estavam muito vinculados aos da "turma". Procure avaliar até que ponto suas decisões foram motivadas por sua alma ou por algo que era valorizado pelo grupo. Talvez perceba que, por volta dos 21 anos, você parou pela primeira vez para se perguntar quem realmente era e o que de fato queria.

Quarto setênio (de 21 a 28 anos)

Nesse período é comum as pessoas "ganharem o mundo", ou seja, viverem novas experiências, conhecerem gente e lugares diferentes da família, da escola e da turma. Essa nova percepção do tamanho do mundo e de todas as possibilidades que ele oferece pode gerar uma tensão entre o que se fez até esse momento e o que se gostaria de ter feito. Pense se passou por essa "crise" e qual foi sua atitude diante dela. Será que você ouviu a voz do coração ou foi seduzido por vozes alheias?

Quinto setênio (de 28 a 35 anos)

É nessa fase que a maioria das pessoas, depois de ter experimentado um pouco do que o mundo oferece, começa a pensar em se estabilizar na vida. Isso geralmente significa ter emprego fixo e relações afetivas mais duradouras. Muitos se casam e constituem família. É também nesse período que se decide, por exemplo, abrir um negócio próprio. A busca pela espiritualidade costuma se tornar uma necessidade nesse setênio. Relembre essa fase de sua vida tentando identificar o que aconteceu de importante e veja se você fugiu de seus verdadeiros desejos.

Sexto setênio (de 35 a 42 anos)

Geralmente é nesse setênio que surge a necessidade de encontrar um propósito maior para a existência. Apesar das conquistas profissionais, financeiras e familiares, e mesmo estando aparentemente bem, as pessoas podem se sentir vazias e angustiadas. Muitas duvidam da própria capacidade de manter o que foi conquistado. É o momento de rever a história de vida, fazer um balanço. Muitos mudam de profissão ou iniciam uma segunda carreira nesse período.

Sétimo setênio (de 42 a 49 anos)

Ao chegar a esse ponto da estrada e olhar para trás, é comum as pessoas sentirem necessidade de encontrar respostas sobre o sentido da vida. O desejo de ter certeza de sua missão se torna muito forte. A sensação de ter perdido tempo ou de ter se desviado do caminho pode aparecer. Mas, em vez de se deixar levar por conclusões negativas, é a hora de abraçar uma nova chance de retomar a missão e os talentos que ficaram perdidos pelo caminho.

Oitavo setênio (de 49 a 56 anos)

O declínio da vitalidade física não precisa nem deve representar um declínio em todas as esferas da vida. Esse talvez seja um momento propício para desfrutar as conquistas alcançadas. É hora de aproveitar para fazer o que a alma pede, concentrando energia em atividades prazerosas e compensadoras, que transcendam as necessidades.

Nono setênio (de 56 a 63 anos)

Quem fez o que tinha de ser feito tende a chegar a essa etapa com o coração cheio de gratidão pelas conquistas alcançadas e pela colheita recebida ao longo da vida. Aqueles que ficaram perdidos no caminho podem ser tomados por intensa sensação de amargura. Ou seja, a forma como a pessoa viveu, em acordo ou desacordo com os setênios, determinará sua sensação de realização ou frustração desse momento em diante.

Linha da vida

SETÊNIOS	REALIZAÇÕES
1º SETÊNIO	
2º SETÊNIO	
3º SETÊNIO	
4º SETÊNIO	
5º SETÊNIO	
6º SETÊNIO	
7º SETÊNIO	
8º SETÊNIO	
9º SETÊNIO	

Ao final da linha da vida, você obterá um retrato seu e dos resultados que o líder ou gestor de sua vida tem gerado até hoje. Verá como já realizou muitas coisas, sonhos e conquistas que são méritos seus. Essa visualização tornará mais fácil perceber do que você realmente gosta e com o que se identifica, para que depois possa começar a pensar nos seus propósitos. Isso irá ajudá-lo a tomar consciência de quanto você já caminhou em sua jornada e, principalmente, quanto você ainda tem para conquistar e realizar na sua vida.

Ao fazer essa retrospectiva, é possível que você fique com um sentimento de ter perdido tempo, de estar no caminho errado. Mas tenha em mente que nunca é tarde para resgatar e viver sua essência. Comece agora!

Talvez você pense: "Ah, mas eu já sabia disso, como pude perder esse tempo precioso?" Você estava adormecido, anestesiado, foi contaminado pelo vírus do fazer sem sentido. Como diz meu amigo Roberto Tranjan: "Dentro de nós mora um lenhador que todo dia quer cortar árvores." O desafio é ter consciência disso e parar esse lenhador; não para que ele afie o machado, e sim para perguntar se, mesmo tendo cortado árvores durante a vida inteira, é isso mesmo que ele quer fazer. Perguntar qual contribuição ele quer deixar para o mundo, o que de fato o faz se sentir realizado. É incrível, porque talvez ele descubra que, no fundo, tudo o que quis foi plantar árvores em vez de derrubá-las, mas foi levado pelas circunstâncias.

O triste da vida não é descobrir o tempo que perdemos fazendo algo que não queríamos; o triste da vida é morrer sem nunca descobrir isso e assim ter perdido a oportunidade de fazer diferente, desperdiçando toda uma vida!

Escuto todo tipo de desculpa das pessoas para fugir desse desafio. Uma das mais comuns é "Ah, estou velho, não dá para recomeçar nada a esta altura do campeonato!". Então eu digo: a expectativa de vida vem aumentando ano a ano. Três décadas atrás não passava de 50 anos, hoje é superior a 70, e com o avanço da medicina só vai aumentar.

Ou seja, tenho uma boa e uma má notícia a lhe dar. A boa é que você tem mais ou menos vinte ou trinta anos de bônus de vida pela frente, praticamente mais uma vida. A má é que você tem mais ou menos vinte ou trinta anos de bônus pela frente, praticamente mais uma vida.

Então esqueça essa desculpa de que você não tem tempo para mudar o rumo de sua vida. Aproveite essa oportunidade para pensar, planejar e viver tudo o que você não viveu. E se você concluir que já viveu plenamente todas as etapas, aproveite para fazer tudo de novo! Isso mesmo! Conheço gente que diz que se pudesse voltar no tempo faria tudo, exatamente tudo de novo. Lembre-se! As pessoas não ficam velhas porque os anos passam, mas porque deixam de sonhar. Já imaginou que maravilha, depois dos 60 anos, por exemplo, poder "voltar a ser criança", brincar, se divertir, fazer descobertas?

Faça uma lista de seus sonhos, afinal você merece curtir ao máximo sua existência. Inclua todos aqueles que você deixou para trás por falta de oportunidade ou de coragem. Quantas pessoas sonham em saltar de asa-delta, praticar mergulho em alto-mar ou fazer uma viagem inesquecível, mas nunca tiveram a coragem e a determinação de realizar seu sonho? E o mais incrível é que muitas dessas pessoas têm todas as condições para realizar seu desejo e não o realizam. Por quê?

Você precisa ter coragem de realizar seus pequenos sonhos, do contrário terá dificuldade de se lançar em um projeto maior, que transcenda suas próprias necessidades e desejos. Para que você possa cumprir sua missão, tem de concretizar ideias que lhe parecem difíceis ou mesmo impossíveis. Comece por você. Pergunte a si mesmo quais são seus desejos e sonhos e questione a razão de não tê-los realizado. E lembre-se de que sempre é tempo de fazer o que deseja ou o que precisa ser feito.

Se você acha que é tarde para começar de novo, lembre-se de Roberto Marinho, que fundou a maior rede de televisão do Brasil, e uma das maiores do mundo, aos 63 anos.

Quando tinha mais de 90 anos, ele ganhou de um amigo um presente inusitado: uma tartaruga-das-galápagos. O amigo explicou que a tartaruga era um dos bichos mais longevos do mundo. O mais interessante foi a reação de Roberto Marinho. Agradeceu o presente, mas mandou devolver, dizendo: "Ah, não, depois eu vou ficar com dó do bicho. A gente cuida deles, dá carinho, se apega, depois eles morrem e deixam a gente com o coração partido!"

Ele fez isso mesmo sabendo que uma tartaruga-das-galápagos vive de 100 a 200 anos! Ou seja, ele já tinha mais de 90, mas imaginava que o bicho morreria antes dele, pois sua própria morte nem lhe passava pela cabeça. Esse homem é o autor de uma das minhas frases prediletas. Ele dizia que preferia ser traído a viver desconfiando das pessoas. Roberto Marinho foi um exemplo de quem levou uma vida intensamente até o fim, sem medo de sonhar nem de ousar realizar seus sonhos.

Outra desculpa comum que ouço quando provoco as pessoas a pensar em realizar coisas maiores é "Ah, mas eu sou muito jovem, ainda não sei o que quero da vida". Costumo responder: a vida é muito curta para você não saber aonde vai, o que deseja e como quer viver. O tempo que se leva entre a vida e a morte é o tempo de um último suspiro.

Ser jovem não é desculpa para não ter uma vida de plenitude, para não ter coragem para realizar seus sonhos e mudar o que for preciso a fim de atingir seus propósitos. Bill Gates fundou a Microsoft muito antes dos 30 anos de idade e foi isso o que lhe permitiu se transformar em um dos homens mais ricos do mundo e fazer um trabalho de assistência e formação que ele proporciona a milhares de pessoas no planeta por meio da sua fundação.

Depois de ganhar muito dinheiro, ele passou a se dedicar a procurar talentos nos cantos mais inusitados do planeta, pessoas com capacidade e sem oportunidades, que se encontram perdidas pelo planeta. Hoje em dia, parte dessas pessoas é recrutada para gerir organizações e fundações no mundo todo, criando modelos de negócios sustentáveis.

Ou seja, como ele foi ousado desde jovem, como não teve medo de correr atrás de seus sonhos, ainda tem muito tempo para transcender suas próprias necessidades e fazer o bem àqueles que não tiveram as mesmas oportunidades.

Recentemente, diante da crise financeira mundial, Bill Gates voltou a ocupar o primeiro lugar na lista dos homens mais ricos do mundo, e fico me perguntando se esse feito, a essa altura do campeonato, não tem algo mais a nos ensinar.

Afinal de contas, é como se o tempo e o investimento dedicados a seus semelhantes, através de projetos maiores, lhe tivessem retornado multiplicados. Talvez o que esteja por trás desse fato aparentemente corriqueiro, mas que foge um pouco à lógica do capitalismo, seja a capacidade de Bill Gates de criar uma riqueza mais duradoura do que qualquer outra. Uma riqueza resultante de propósitos maiores.

Seja como for, Bill Gates nos mostra que quanto mais cedo você descobrir seus desejos e realizá-los mais cedo você os terá satisfeito e poderá se dedicar a propósitos maiores. E, ao contrário de ter sua riqueza reduzida, isso a multiplicará.

A coragem de transformar a própria vida não depende da sua idade! Seja qual for, livre-se de todos os pensamentos restritivos e limitadores e vá atrás do que você acredita, de sua vocação! Encontre-a, encare-a, para poder transcendê-la!

Não importa se você é velho ou jovem, se já viveu muito ou pouco. Isso é relativo. O que importa é como você quer viver o minuto seguinte, o dia seguinte, a semana seguinte, porque na verdade ninguém sabe quanto tempo lhe resta. É como diz a máxima: "Viva como se hoje fosse seu último dia, porque um dia será!"

Além do mais, às vezes uma vida inteira cabe em um único dia. Sabe quando você passa por uma experiência que lhe dá a nítida sensação de que tudo valeu a pena simplesmente por ter tido a chance de viver aqueles minutos? É disso que estamos falando. Tempo e idade não podem impedir você de buscar essa alegria.

Portanto, seja qual for sua idade, faça sua linha da vida, destacando os momentos mais marcantes e mais preciosos que você já viveu. Não tenha vergonha de destacar também ocasiões em que, eventualmente, você não tenha agido como seu coração mandava. Com essas informações, já dá para você ter uma ideia de tudo o que viveu, das decisões que tomou e dos rumos que o aproximaram ou afastaram de sua realização pessoal.

As empresas usam o balanço contábil para avaliar seus resultados; com a linha da vida, você consegue ter também um balanço, ou melhor, obtém uma fotografia de tudo o que já tiver vivido, para, a partir disso, fazer sua avaliação.

Quando estiver com esses dados em mãos, chame o líder ou gestor de sua vida e peça explicações sobre esses resultados. Por que algumas viagens planejadas com a pessoa amada foram deixadas de lado? Por que aquele curso ficou esquecido? Por que você não tem se encontrado com amigos e familiares tanto quanto gostaria? Por que não tem tido tempo de ficar sozinho, tempo de cuidar da espiritualidade? Por que não tem realizado sua lista de sonhos e desejos?

Olhe para sua vida como quem olha para uma estrada. Identifique onde está você hoje e onde estão seus verdadeiros desejos. Trace uma linha que lhe mostre o ponto no qual você começou a se afastar do que realmente gostaria de viver e das pessoas que gostaria que estivessem a seu lado nesse caminho. Pense em quanto seria ruim chegar a seu destino, ultrapassar a barreira que lhe dará a vitória, olhar para o lado e perceber que estava sozinho.

Infelizmente às vezes a vida nos distancia do que realmente importa, daquilo que procurávamos alcançar. Isso acontece das coisas mais simples às mais essenciais.

Você começa a trabalhar em uma empresa, impressionado com a proposta que lhe oferecem. Sente-se feliz porque descobre uma afinidade enorme entre você e seu chefe. Mas, à medida que o tempo passa, percebe que já não se sente tão satisfeito; repara que ao longo do caminho vocês se distanciaram. Eu sei que as pessoas mudam, que todos nós estamos em um processo de evolução e transformação permanente. Sei também que na essência, no caráter as pessoas não mudam, ou pelo menos não deveriam mudar.

Se nesse ponto do caminho vocês tiverem uma conversa franca e aberta, é possível que consigam se realinhar, que compreendam as motivações de ambos quando discordam em um ou outro ponto e decidam retomar a caminhada juntos, na mesma direção, rumo ao mesmo destino.

Se essa conversa não acontecer, ou for adiada por tempo indefinido, a distância aumentará a cada dia, até que se tornará praticamente impossível retomar o caminho juntos. Talvez um dia vocês se encontrem lá na frente, mas estarão tão diferentes que poderão não mais se reconhecer.

Assim acontece em vários campos da vida.

Quantas pessoas são demitidas porque se distanciaram do caminho definido pela liderança da empresa sem nem perceber? Foram demitidas justamente porque não tiveram a oportunidade de parar, olhar aonde estavam indo e retomar a rota inicial. Quando perceberam já era tarde demais.

Muitas sociedades acabam porque um dos sócios só sabe fazer perguntas focadas no outro: "Por que *você* está distante? Por que *você* não tem falado tanto quanto falava em nossas reuniões? Por que *você* não fez isso? Por que *você* fez aquilo?"

Na verdade, o foco deveria ser diferente. A pessoa deveria se perguntar: "Por que será que *meu* sócio está se distanciando de mim? Onde *eu* estou errando? O que *eu* estou fazendo para gerar essa reação nele?" Você só consegue resolver um problema quando o assume como seu. Enquanto achar que o problema é do outro, jamais irá resolvê-lo. Mas, se você assume o problema como seu, então é capaz de tomar as rédeas da situação, se autoanalisar e buscar alternativas que possam solucionar a questão.

Lembre-se de que as pessoas mudam, todo mundo muda, inclusive nós. A pessoa que você era quando se casou ou entrou em uma sociedade hoje já é outra. Não há nenhum problema nisso. Passamos a ter problemas quando as mudanças ocorrem de um lado só, quando uma das partes fica estacionada, focada apenas em seu eu, sem ter uma visão coletiva, sem pensar na evolução e no desenvolvimento do bem comum. É nessa hora que a distância aumenta de tal forma que muitos relacionamentos acabam de vez, pois as pessoas tomam caminhos paralelos, ou seja, nunca mais se encontram.

E o mais triste é que muitos perdem o emprego sem saber o motivo real da demissão. Se os líderes soubessem o quanto essa informação é importante para que as pessoas caiam em si, aprendam e não cometam os mesmos erros! Mas, por falta de coragem nessa hora, muitos que se encontram na posição de chefia preferem mascarar os motivos da demissão. Uns usam a crise como desculpa, outros alegam necessidade de contenção de custos, mudança de estratégia de mercado etc., em vez de dizer claramente onde a pessoa se perdeu. Não têm coragem de tocar no assunto porque, quase sempre, sabem que são corresponsáveis pelo fato de o outro ter se desviado do caminho. Porque estavam sempre sem tempo, com a agenda lotada, e não alertaram o colaborador do que vinha acontecendo. Como líderes, não foram capazes de reconduzir os colaboradores para o caminho desejado.

Estou usando um exemplo empresarial, mas essa reflexão serve para todos os setores da vida. Quantas pessoas, depois de alguns anos de casamento, percebem subitamente que estão distantes do companheiro ou da companheira? Elas não prestavam atenção no dia a dia e, quando se dão conta, já não conseguem caminhar de mãos dadas porque seus projetos e sonhos não têm mais nada a ver com os do parceiro. Dividem o mesmo teto, mas é como se estivessem em cômodos diferentes, sem comunicação um com o outro.

Eu perguntava outro dia a uma amiga quando ela sairia da casa em que morava com o companheiro. Assustada, ela me olhou meio com raiva e me questionou: "Você quer dizer, me separar?" E eu disse: "Separar, não, porque separada você já está, digo mudar de casa mesmo." Muitas pessoas apenas moram juntas, se contentando com uma afetividade medíocre e com algumas migalhas de atenção. E em nome de quê? Eu sei que julgar é fácil, que cada um sabe de sua vida. Mas quantos repetem sempre a ladainha de que o casamento está um horror porque o outro não toma uma atitude, porque o outro não lhe dá atenção, porque o outro não faz isso ou aquilo? São pessoas que se distanciaram ao longo do caminho provavelmente porque ficaram o tempo todo olhando para o próprio umbigo e colocando toda a culpa no outro. Isso talvez signifique um distanciamento não só em relação ao outro, mas também em relação a si mesmo. Pode ser fruto de uma incapacidade de se avaliar criticamente, reconhecer as próprias falhas e tentar ser melhor.

Na relação com os filhos não é diferente. Se no dia a dia você não encontrar um momento para compartilhar as descobertas, inseguranças e dúvidas de seus filhos, talvez um dia você chegue em casa e perceba, perplexo, que eles o cumprimentam friamente, se trancam no quarto e ficam isolados em um mundo particular ao qual você não tem acesso.

Há pais que, diante da necessidade de se comunicar com os filhos, usam o e-mail. Tudo bem, esse até poderia ser um recurso interessante para quem está geograficamente distante, mas não se o filho estiver no quarto ao lado!

Isso pode acontecer. Durante o crescimento, vocês foram ficando distantes como o galho da árvore que se afasta do tronco a cada novo ciclo de vida. Só que você demorou demais para perceber, e, quando quis trazer seu filho para perto, suas mãos já não conseguiam alcançá-lo.

Com o exercício da linha da vida, você irá perceber claramente, a cada ciclo, o momento em que se desviou da rota. Acredite, quanto antes você perceber quando e como saiu do caminho, mais rápido e fácil será retomar seu destino. Pior do que nos desviarmos do caminho é não nos darmos conta disso.

Com a linha da vida você saberá onde está, terá um traçado de tudo o que realizou. Talvez se surpreenda com o tanto de realizações que já alcançou e com os sonhos que deixou de realizar. O importante é que você tenha consciência de onde está e em que direção caminha, e que tenha consciência de aonde seu próximo passo pode levá-lo.

III. VALORES

As luzes do caminho

Quando você tiver alguma dúvida,
não pense em consultar um manual de procedimentos,
e sim em consultar seu coração,
sua consciência, e saberá como agir pautado
em suas crenças, em seus valores.
Louis Gerstner

Uma vez definida sua missão e elaborada a perspectiva da sua visão, você precisa colocá-las em prática. Mas, para isso, é necessário também que você defina quais serão os valores que vão orientá-lo na realização de sua missão. Pois ao longo do processo são os valores que servirão de balizadores para demonstrar constantemente se você está no caminho certo.

Você está o tempo todo criando a si mesmo. Todo momento é um convite para que você decida quem é. E essas decisões que definem quem somos dependem de nossas escolhas, e nossas escolhas são influenciadas pelos valores que praticamos.

Essa questão dos valores é tão importante que eu gostaria de comentar uma experiência que tive em 2004. Nesse ano, fui convidado a fazer duas palestras no Japão e realizei o sonho de conhecer o país, cuja cultura sempre respeitei e admirei muito.

Justamente no mês em que eu estava lá, foi divulgado que o Japão batera um recorde o qual, tenho certeza, eles jamais gostariam de ter batido: o número de suicídios – mais de 33 mil pessoas tinham posto fim à própria vida.

No Japão, a média nacional é de um suicídio a cada 20 minutos. De acordo com a Organização Mundial da Saúde, nas piores épocas, o tempo entre uma morte e outra cai para até 15 minutos. Em um primeiro instante fiquei estarrecido, mas depois o fato despertou minha curiosidade. Queria entender o porquê daquele número tão assustador. Ao final da viagem, encontrei uma resposta ainda mais surpreendente.

A cultura japonesa funciona da seguinte forma: você precisa primeiro pensar na sociedade, depois na família e, por último, em você. Ou seja, se estiver com algum problema, não poderá demonstrá-lo à sociedade, pois todos irão se afastar de você e isolá-lo. Se falar com a família, será tachado de fraco e desprezível. Nessa hora, sentindo-se sozinho, sem ninguém com quem compartilhar um problema, a pessoa pode ficar tão fragilizada e envergonhada que prefere abrir mão da própria vida a expor o que considera um fracasso.

Não se trata, é claro, de dizer que esse jeito de encarar a vida é certo ou errado, mas apenas de demonstrar como os valores mudam de uma cultura para outra e como isso altera os efeitos que eles produzem na vida individual e coletiva.

Graças a Deus, no Brasil é diferente. Há aqui uma inversão desses valores que, de certa forma, é positiva. Pensamos primeiro em nós, depois na família e, por último, na sociedade. O fato de termos problemas não nos causa vergonha nem vemos isso como sinal de fraqueza. Temos por formação cultural a tendência de compreender que as dificuldades fazem parte da vida, talvez porque vivemos em um país com tantas questões ainda por resolver. Ao contrário de nos enfraquecer, temos a crença de que os problemas e mesmo uma derrota nos tornam emocionalmente mais capacitados e fortes.

Mas, em compensação, quando o individualismo é extremado, acabamos perdendo nossa vida em outro sentido. Ficamos tão preocupados com nosso sucesso que muitas vezes não enxergamos outras pessoas, às vezes na nossa família, que estão precisando de nós, de uma ajuda, de uma palavra. E se pensarmos em termos de sociedade, esse egocentrismo se torna quase uma doença, porque muitos de nós simplesmente se negam a encarar as necessidades e carências dos outros.

É muito comum, quando falo de valores, as pessoas me perguntarem: quais são os valores que preciso seguir? Quais são os verdadeiros significados de cada um? Como posso aplicá-los no dia a dia?

Existem valores que são universais, como igualdade, liberdade, fraternidade. Dizer que são universais deveria significar que valem em todas as culturas, em todos os tempos, independentemente de raça, cor, religião etc. Sabemos, no entanto, que infelizmente nem sempre esses valores são praticados e respeitados em sua plenitude.

Mas, além dos valores universais, construímos nossos valores primários, o que geralmente ocorre até os 7 anos. É nessa fase da vida e nesse ambiente familiar que absorvemos, primeiro pela imitação e depois pela ação propriamente dita, os valores que carregaremos pela vida à frente. Toda pessoa forma seus valores orientada pelos princípios que estão relacionados a sua cultura, religião ou à época em que vivem.

Seja como ou onde for, esses valores são aqueles ensinamentos que seu pai, sua mãe, seus avós, sua família, seus professores ou líderes religiosos lhe passaram.

Quando você era pequeno, provavelmente alguém lhe dizia: "Na nossa família um membro respeita o outro, e ponto final." Ou: "Nesta casa, dividimos o pão entre nós e com quem mais precisar, e é assim que vai ser sempre." O que estava sendo plantado aí é a raiz do respeito e da generosidade, valores que provavelmente você pratica na vida adulta.

Quando vou contratar um profissional, além de querer saber suas competências e analisar seu perfil, faço diversas perguntas sobre outros contextos. O objetivo é conhecer os valores desse candidato. Se forem contrários aos meus ou aos da empresa, não será possível trabalharmos juntos, pois nossos valores influenciam nossas ações. Nossas decisões e atitudes são sempre baseadas em nossos valores.

Os valores funcionam como indicadores para nortear o caminho, definem nossa conduta. Eles são como aquelas luzes que direcionam o piloto na pista do aeroporto, que mostram por onde ele tem de ir para pousar com segurança e assim chegar a seu destino.

Por isso, gostaria de convidar você a refletir sobre alguns valores que podem ajudá-lo a realizar sua missão. Não estou querendo que adote os valores nos quais eu acredito, mas que pelo menos reflita sobre eles e avalie de que forma contribuiriam para que encontre seu propósito de vida.

Dignidade

No reino dos fins, tudo tem um preço ou uma dignidade. Quando uma coisa tem preço, pode pôr-se, no lugar dela, qualquer outra como equivalente; mas quando uma coisa está acima de todo preço e, portanto, não permite equivalente, então ela tem dignidade.

Immanuel Kant

Ganhar e perder faz parte da vida. Felizmente não dá para ganhar todas. Que graça teria a vida? Só sabemos o que é ganhar porque um dia já perdemos. Perdemos nossos entes queridos, perdemos amizades, perdemos empregos. Há algo, porém, que nunca podemos perder: nossa dignidade.

Mais que um valor, a dignidade é uma necessidade de todo ser humano. Precisamos manter nossa dignidade diante das mais diversas situações. Mesmo as pessoas que vivem nas piores condições materiais quase sempre demonstram que precisam manter sua dignidade.

Meu pai me ensinou que demoramos trinta, quarenta anos para construir um nome respeitado pela família, pelos amigos e por toda uma comunidade, mas basta uma pisada na bola, um passo em falso para que você acabe com sua reputação. Ele sempre me diz: "Você pode perder tudo na vida, mas não pode perder sua dignidade", porque a vida não tem rascunho. Não se trata de um caderno do qual você vira a página e os erros cometidos ficam para trás. É claro que sempre existe a chance de um recomeço, mas não podemos apagar nossas pegadas, as marcas deixadas por onde passamos, nem voltar atrás. Por isso a dignidade conquistada jamais pode ser perdida. Se até Cristo, por três vezes, fugiu das tentações para não perder a dignidade, para realizar sua missão e para que cada palavra sua ecoasse em todas as almas, imagine como precisamos estar atentos para preservar nossa dignidade!

Vejo empresas sucumbirem da noite para o dia porque um executivo ou empresário cometeu um pequeno deslize, depois outro, depois outro um pouco maior, e assim por diante, até o dia em que não restava mais nada a perder. Em geral, a derrocada começa com a ideia de que "é só desta vez" ou "esta será a última vez".

Se quiser manter a dignidade, não aceite a primeira, nem a segunda, e nenhuma outra proposta que o tire de seu caminho, que o afaste de seus valores, que manche sua dignidade, por mais vantajosa que possa parecer no momento. Não pense que será "só por um tempo", "só uma vez". Resista à tentação. Não se engane pensando que não há ninguém olhando ou que ninguém nunca vai saber de seu deslize. Porque você está lá, e está presenciando isso. Sua consciência estará atenta e registrará cada um de seus atos. Não perca a dignidade, porque, do contrário, você não poderá mais se olhar no espelho com o mesmo sentimento de orgulho e admiração de antes, nem olhar nos olhos de seus filhos e de seus amigos sem uma ponta de vergonha.

Nada que o afaste da essência de sua dignidade vale a pena. Viva de forma a não se arrepender depois. Ser honesto consigo mesmo e viver em paz com sua consciência não tem preço!

É como naquela história do vendedor de rosas:

O vendedor entra no restaurante e aborda um casal numa mesa:
– O senhor gostaria de presentear essa bela moça com esta linda rosa?
Meio sem jeito, o rapaz pergunta:
– Quanto custa?
– Meu jovem rapaz, esta rosa não tem preço, tem valor. Dê quanto você acha que vale! – diz o vendedor.
E assim ele segue vendendo rosas para muitos homens apaixonados, que, para demonstrar sua generosidade, sacam da carteira notas de 10, 20, 50 e até de 100 reais.

O que essa história nos mostra é que até uma rosa tem sua dignidade. Dignidade não tem nada a ver com preço, e sim com valor, com quanto você acha que realmente vale.

Basta pensar: o que vale mais? Um milhão de reais ganhos na loteria ou um milhão de reais conquistados com seu trabalho, empenho e garra? Na conta-corrente é o mesmo milhão, independentemente da origem. Mas o valor de um e de outro é completamente diferente! Quem muitas vezes comeu grama na vida, quem enfrentou muitos desafios e batalhas durante bastante tempo, sabe do que estou falando.

Não há nada melhor do que ver seu esforço ser reconhecido. O dinheiro que é fruto de seu trabalho será muito mais bem empregado do que aquele que veio por obra do acaso, da sorte. Isso acontece porque você saberá dar o devido valor ao que ganhou trabalhando. Quantas histórias ouvimos de pessoas que ganham grandes quantias de dinheiro em concursos ou loterias e perdem tudo da noite para o dia, quase na mesma velocidade com que ganharam? Pior ainda, depois de alguns anos, a maioria está com uma dívida imensa. Quando ganham o dinheiro, ficam tão atônitas com aquele golpe de sorte que compram feito loucas tudo o que veem pela frente. Que valor estão dando a esse dinheiro?

No entanto, quando você tem consciência de tudo o que passou para chegar a esse milhão, jamais sairá por aí desperdiçando o dinheiro. Isso ocorre porque a mesma quantia estará repleta da dignidade de seu trabalho.

Se seu propósito é buscar a realização de algo maior, procure dentro de si sua dignidade e a fortaleça todos os dias. Defina os princípios que considera dignos, pese com muita consciência o valor de cada conduta e atitude baseando-se em sua realidade, em suas crenças mais profundas, em seu verdadeiro eu, e use esses princípios no dia a dia. Você verá e sentirá a força transformadora e compensadora que eles podem operar na sua vida.

Dignidade é um valor muito sublime, e precisamos pensar nela todos os dias. Afinal, nas situações mais corriqueiras da vida vemos nossa dignidade ser testada. A questão é que nem sempre percebemos que ela está atuando em nós, guiando nossos passos.

Outro dia soube de uma empresa que havia iniciado um processo de seleção de trainees cujo objetivo era formar uma equipe de profissionais qualificados e diferenciados. A seleção foi bastante concorrida, com dois meses de duração, e a cada fase os desafios e exigências aumentavam. Ao todo, participaram mais de 2 mil candidatos, e, no final, foram contratadas apenas dez pessoas.

Naturalmente os profissionais contratados chegaram a seus postos satisfeitos e orgulhosos por terem conseguido se destacar em meio a um número tão expressivo de candidatos. Estavam ansiosos por começar a trabalhar. Depois de darem o melhor de si, esperavam que a empresa lhes retribuísse da mesma forma e os recebesse e conduzisse com entusiasmo e seriedade.

Imagine a decepção de algumas dessas pessoas quando, logo nos primeiros dias de trabalho, começaram a perceber que a empresa dos seus sonhos não era tão grandiosa quanto pensavam, que seus líderes não conseguiam manter a coerência entre o discurso e a prática, que não lhes davam a atenção prometida no processo seletivo.

O que você faria nessa situação? Pois alguns candidatos, mesmo tendo investido dois meses no processo e precisando trabalhar, pediram demissão. Isto mesmo, pediram demissão! Eles viram que não conseguiriam pôr em prática seu potencial no ambiente que a empresa oferecia naquele momento. Então optaram por perder os dois meses dedicados ao processo, em vez de desperdiçar tempo na empresa. Essas pessoas agiram com dignidade ao pensar: "Perco dois meses, mas não perco a dignidade."

Na base dessa decisão está o fato de que eles não estão dispostos a abrir mão daquilo em que acreditam. O que eles manifestam claramente é que não vão negociar seus valores.

Eu sei que falar de valores soa bonito, mas não é fácil praticá-los no dia a dia. É realmente difícil vivenciá-los porque isso exige um estado de alerta permanente. Mas só assim você conseguirá se manter no caminho, com a cabeça erguida e o coração tranquilo.

Integridade

O que você faz soa tão alto
que o que você fala ninguém escuta.
Ralph Waldo Emerson

Eu me lembro de um dia em que, ao terminar uma palestra em Recife, um jovem me perguntou o que era integridade. Disse que seus pais sempre falavam em integridade, mas nunca explicaram o que significava na prática. Depois desse episódio, sempre que tenho oportunidade incluo em minhas palestras uma explanação sobre o assunto.

Integridade é ter coerência entre pensamento, sentimento e comportamento. Ou seja, é falar o que você pensa e fazer o que você fala. Simples assim. Embora pareça fácil, não é. É um desafio e tanto ser íntegro! Mas há uma frase que sintetiza bem o desafio: "Jamais faça algo que não possa contar com orgulho que fez!" Você pode ver a integridade se manifestando quando, por exemplo, recebe um troco errado de alguém, seja numa padaria ou num caixa de estacionamento. A pergunta é: você devolve a diferença ou vai embora com um dinheiro que não é seu, se achando a pessoa mais esperta do mundo?

Quando comecei minha carreira na área comercial, há mais de dez anos, um vendedor me contou uma história sobre falta de integridade que me marcou muito.

Em uma cidade do interior, havia um vendedor careca que, ao entregar seu primeiro relatório de despesas à companhia em que trabalhava, a fim de receber o reembolso, incluiu a compra de um chapéu. Ao ser questionado pelo gerente sobre a necessidade do chapéu, respondeu: "Aqui na região o sol é muito forte e ando pela rua o dia inteiro, então comprei o chapéu." O gerente lhe explicou que não poderia reembolsá-lo por isso, já que se tratava de uma aquisição pessoal. O vendedor aparentemente se conformou, mas na semana seguinte tornou a incluir o chapéu nas despesas e, mais uma vez, não foi reembolsado. Isso se repetiu por várias semanas, até que um dia o vendedor entregou o relatório de despesas sem o chapéu. O gerente o chamou e disse: "Finalmente você entendeu que o reembolso pelo chapéu não fazia sentido." E o vendedor respondeu: "Engano seu, o chapéu está aí no relatório, eu quero ver é você achar!"

É importante ser íntegro. A integridade é um apoio fundamental para quem deseja realizar algo maior, porque só em uma mente íntegra fluem grandes ideias e aspirações. O que quero dizer com isso é que se você passa boa parte do tempo buscando desculpas e arranjando estratégias para disfarçar sua falta de integridade, não terá tempo nem energia para empregar em coisas realmente importantes. Se você usa seu tempo para esconder chapéus em seus relatórios, pouco tempo lhe sobrará para aumentar suas vendas com honestidade.

Sem contar que, se você não consegue viver com integridade, vai acumular um alto estoque de culpa e ressentimento, e isso pode evoluir para um quadro de tristeza profunda ou até mesmo de depressão. Lembre-se de que seu corpo tende a reclamar quando você não vive de acordo com seus valores. Ele gritará cada vez mais alto até que você o escute.

Quando nos deixamos levar pelas circunstâncias e fazemos alguma coisa que sabemos que não é correta, não só estamos sendo incoerentes como também estamos abrindo mão de nossa integridade. Só que essas atitudes permanecem em nós e em nosso pensamento, gerando angústia e culpa.

Todo esse mal-estar pode virar depressão. A depressão é um mal que cresce a cada dia. Cerca de 18% da população mundial vai apresentar um quadro depressivo em algum período da vida, segundo Ricardo Moreno, médico psiquiatra e professor do Instituto de Psiquiatria da Universidade de São Paulo. Eu disse 18%! É muita gente. É também uma doença recorrente. Quem já teve um episódio apresenta cerca de 50% de chance de manifestar outro; quem teve dois, 70%; e no caso de três quadros bem-caracterizados esse número pode chegar a 90%. Segundo uma pesquisa publicada nos Estados Unidos, um em cada quatro americanos terá um problema psicológico em algum momento da vida. Isso representa 25% da população. É um número muito grande!

Não tem jeito: ou você começa já a viver de forma íntegra ou corre o risco de somatizar esses conflitos e ter problemas de saúde. Isso mesmo! Nós, seres humanos, temos a capacidade de intuir o que nos faz mal e somatizar essa sensação. Quantas pessoas vivem com a garganta inflamada de tanto que engolem sapo e reprimem a fala? E dor de estômago, gastrite ou úlcera? Quantos ficam nervosos e imediatamente sentem o estômago doer? Cada organismo somatiza os conflitos de uma forma. Você precisa viver de acordo com seus valores, senão a vida fica muito complicada e inevitavelmente seu corpo vai sentir os golpes disso.

Só que é muito comum analisarmos criticamente esse tipo de postura quando se manifesta em outras pessoas: "Ah, se eu estivesse no lugar de Fulano, teria feito diferente." É fácil falar do outro. Difícil é fazer uma autoanálise! Então que tal avaliar se você está sendo crítico consigo na mesma intensidade com que tem sido com os outros?

Neste sentido, a frase de Ralph Waldo Emerson que serve de epígrafe a este trecho sobre integridade é bastante esclarecedora. Experimente fazer em vez de falar. Demonstre com suas atitudes a importância que você dá à integridade. Não adianta viver pregando valores que você não aplica em seu dia a dia. Viva de acordo com eles. Só assim se sentirá em harmonia consigo mesmo.

Outro dia presenciei uma situação corriqueira que exemplifica de forma extraordinária essa questão da integridade. Um conhecido fazia uma crítica ácida às pessoas que compram produtos piratas, mencionando o absurdo que era a quantidade de CDs piratas vendidos, que isso era coisa de gente irresponsável etc. Mas a certa altura desse discurso inflamado sua irmã lhe perguntou:

– Mas e os seus jogos de videogame, não são piratas também?

– São sim — respondeu ele —, mas você já viu o preço de cada jogo? É uma fortuna!

E o silêncio que se fez dizia tudo.

Quem fala o que não faz e faz o que não fala está abrindo mão da integridade.

É preciso ter integridade para realizar sua missão. Não basta falar, é preciso querer e agir com convicção. Ou seja, ser íntegro na realização de sua missão, de modo que você possa se olhar no espelho e se reconhecer, ver quão íntegro você é.

Eu disse no início que não é fácil cultivar valores como a integridade, mas que é extremamente recompensador, isso é!

Humildade

Nenhum de nós é tão bom
quanto todos nós somos juntos.
Ray Kroc

E o valor da humildade? Ouvimos as pessoas dizerem com a boca cheia que "é preciso ter humildade", "é preciso ser humilde", mas nem todo mundo sabe de fato o que esse valor representa. Muita gente diz que "Fulano é humilde" só porque ele é pobre.

Humildade não tem nada a ver com pobreza! Ser humilde é ter consciência de seus limites. E isso faz com que você não só se conheça melhor e busque a cada dia crescer e superá-los, mas também o torna capaz de respeitar os limites dos outros.

Eu me lembro de ouvir Ayrton Senna dizendo: "Antes de qualquer corrida eu visualizo todo o circuito, me imagino passando em cada reta e em cada curva e penso no meu limite. Começa a corrida e busco a cada volta chegar ao meu limite. Em algumas curvas, piso no freio um pouco depois; em outras, acelero um pouco antes, sempre buscando chegar ao meu limite. E quando eu chego no meu limite, descubro que meu limite é um pouco mais além, e daí começo uma nova volta." Veja como a humildade de reconhecer até onde era possível chegar, aliada à competência, sobre a qual falaremos mais adiante, o ajudava a ir sempre mais longe.

Tenho um amigo com quem partilho a percepção sobre até onde a humildade de reconhecer o próprio limite pode levar. Seu nome é Jorge Ressati. Ele começou a treinar para correr maratonas. No início estabelecia metas de tempo e distância e, além de ter muita disciplina para treinar todos os dias, percebeu que era fundamental estar sensível aos próprios limites. "Você cronometra o tempo e a distância enquanto monitora os batimentos cardíacos. Tudo precisa estar em perfeita sincronia. No fim de cada treino, de cada volta, deve avaliar resultados versus metas. É muito comum no meio do treino sentir dor na perna ou até mesmo ter dificuldade de inspirar o ar que teima em não vir. Você precisa conhecer seus limites. Mas é nessa hora que o esportista precisa se concentrar e aguentar o máximo possível, pois é assim que ele supera o próprio limite." Foi com essa dedicação que ele realizou o sonho de correr uma maratona além de estar com uma ótima saúde.

Na corrida da vida, precisamos dar uma volta de cada vez, sempre conscientes e atentos aos nossos limites. Se conseguirmos preservar a humildade, será mais fácil nos desenvolvermos a cada dia rumo ao nosso crescimento pessoal e profissional. Podemos nos tornar seres humanos melhores. Como diz Roberto Shinyashiki: "Viva para surpreender a si mesmo, não aos outros!"

Ao ter consciência de seu limite, você evoluirá a cada dia com suas ações, com suas atitudes, sem precisar pisar em ninguém, porque a referência de limite que pretende superar é somente sua. Eis a sacada: é você consigo mesmo, a autossuperação.

Certa vez, perguntaram a Napoleão Bonaparte se ele não tinha medo de ir para a linha de frente com os soldados, e ele respondeu:

– Medo? Nossa, eu tenho muito medo!

– E como você faz, pois parece que você não tem medo algum! – retrucaram.

– É simples: enquanto nos preparamos para atacar, minhas pernas começam a tremer, tremer desesperadamente, e eu digo a elas: "Tremam, podem tremer mesmo, mas tremam agora porque vocês não imaginam onde vou colocá-las daqui a pouco."

Se até Napoleão Bonaparte era capaz de assumir com humildade seus limites, por que deveríamos esconder os nossos? Se você trabalhar bastante, estudar e der o máximo de si, quando menos esperar já estará um degrau acima do ponto de partida, deixando para trás as próprias limitações. Se você acreditar em sua missão e se dedicar verdadeiramente a ela, verá que é possível superar os limites e obstáculos que hoje podem parecer intransponíveis. Não podemos nos contentar com pouco, temos de avançar a cada dia. E mesmo que uma situação lhe cause medo ou pareça insuperável, tenha a coragem de enfrentá-la assumindo o que sente e sabendo que amanhã poderá tentar ir mais adiante.

A humildade é um antídoto contra o orgulho! Ela tem o efeito de uma agulha com linha, alinhavando vidas, aproximando as pessoas, unindo mesmo os que são diferentes, enquanto o orgulho é como uma tesoura cega, que corta tudo o que encontra pela frente, machucando e danificando por onde passa. É bom sentir-se orgulhoso de si mesmo, ainda mais quando percebemos nossa capacidade de aprimoramento, de sermos cada vez melhores em nossas tarefas. Mas o orgulho nunca deve se impor, porque, se isso acontecer, você para de progredir, acha que não tem mais nada a desenvolver, e sabemos que isso não é verdade. Podemos ir cada vez mais longe.

Quando penso em humildade, também me vem à mente a questão do valor que damos às nossas raízes. Você merece crescer, mas não pode se esquecer de onde veio, de suas origens. Esse reconhecimento o ajudará a se sustentar lá em cima. As árvores não têm medo de crescer porque suas raízes são muito sólidas.

Quantas pessoas mudam completamente quando passam a ter uma condição de vida financeira superior à que tinham antes? Deslumbradas com esse novo mundo, desprezam aqueles que não tiveram o mesmo tipo de ascensão, afastam-se dos amigos e até mesmo de familiares, abandonam pai e mãe como se quisessem enterrar o passado.

Esse é um dos piores resultados que a falta de humildade pode provocar, pois, se você conseguiu mesmo progredir e se desenvolver a ponto de tornar-se melhor do que era, poderia, com o devido respeito, contribuir para que outras pessoas também tivessem a oportunidade de sonhar e alcançar uma vida melhor, a começar por seus pais.

Eu sei que cada um tem uma história de vida, um tipo de relacionamento com os pais; muitos carregam feridas, ofensas, mágoas. Eu sei de tudo isso, mas, mesmo assim, tenho muita, muita dificuldade de imaginar o que leva um filho a abandonar o pai, a mãe e os irmãos à própria sorte. Por que é tão difícil aceitar sua origem e, em vez de se envergonhar, orgulhar-se dela?

É nesse sentido que considero a prática da humildade importante para levar as pessoas a realizar sua missão. Como ter uma missão grandiosa se você mal consegue lidar com as diferenças no seio familiar? A falta de humildade pode ser um obstáculo enorme, porque o peso da culpa, mesmo inconsciente, pode tornar a caminhada mais lenta e pesada.

Então seja humilde, livre-se de sentimentos limitadores, avalie o quanto você consegue fazer hoje, comprometa-se a realizar um pouquinho mais amanhã e vá em frente, sempre superando seus limites, sem jamais esquecer os trechos pelos quais já passou. Isso é superação e humildade.

Fé

Acreditar nos leva lá.
Anderson Cavalcante

A fé é um valor que anda esquecido, e acho que essa é uma das principais razões que levam as pessoas a perder o rumo de sua vida. Sem fé, fica difícil dar qualquer passo, porque você se sente sozinho no mundo, sem amparo e muito vulnerável.

Mas quando se tem fé, tudo parece possível. Porque fé não tem a ver necessariamente com o culto a um deus específico. Uma pessoa de fé é alguém que acredita. Ter fé é acreditar. Acreditar no seu deus. Acreditar em você. Acreditar no próximo. Acreditar na vida, na abundância da vida. Acreditar no melhor. Isso é fé. Ter fé é acreditar sempre.

Eu, particularmente, acredito na existência de um Criador que olha por todos nós, nos guia por nossos caminhos e quer o melhor de nós, não para Ele, mas para nós mesmos. Creio que Deus nos criou com um potencial imenso e nos deu o sopro da vida para que continuássemos Sua obra. E continuar a obra do Criador é contribuir para que as pessoas ao seu redor também descubram seu potencial e se juntem a essa corrente. Porque sozinhos até podemos conseguir realizar nossa missão, mas ela será muito mais repleta de significado se outras pessoas estiverem envolvidas e motivadas em prol dessa causa maior. Para tanto temos de espalhar nossa fé por onde passamos.

Mas a fé necessita de um exercício diário de fortalecimento em um mundo que o tempo todo o convida a desistir de suas crenças. O que precisamos perceber é que há todo um mecanismo que nos leva a perder a confiança no bem. Muitas vezes as pessoas perdem a fé de que dias melhores virão porque ficam aprisionadas às notícias negativas que se destacam nos meios de comunicação. Mas é preciso aprender a distinguir.

Ouvimos que o mal tem vencido o bem, mas podemos duvidar disso ao observar como a humanidade tem se comportado ao longo dos séculos. Nem tudo é maldade, ganância e destruição.

Acontece que, como o bem não dá "ibope", o que vemos hoje ao ligar a TV ou abrir o jornal são apenas ou principalmente os fatos ruins. Será que isso não distorce nossa percepção? Nos telejornais sensacionalistas é muito comum que uma imagem – de um desastre, de um ato de violência etc. – seja repetida diversas vezes, com cortes diferentes, levando o telespectador a ter a sensação de que aquilo aconteceu em várias ocasiões. A gente não percebe, mas está o tempo todo sujeito a esse tipo de manipulação.

Por isso sugiro que você experimente contrapor essa tese a outra: a de que as pessoas na sua essência são boas e que se o mal prevalece em alguns momentos é porque estamos sendo incentivados a contemplá-lo mais vezes. Pense em imagens positivas, de grandes feitos, de atos generosos, de alegrias cotidianas que você vê na televisão, por exemplo. Observe como elas se repetem um número de vezes infinitamente menor do que as negativas.

Se o mal prevalece em muitos momentos, é porque nos afastamos de nossa essência. Portanto, quanto mais fé você tiver em sua missão e na possibilidade de viver guiado por seus valores, mais será gente de bem, de bem com a vida, de bem com o próximo, de bem com suas ações e consigo mesmo. E assim você contribuirá para que o bem prevaleça sempre. Quando você passa a olhar o mundo dessa forma, você se integra à missão do Criador de fazer um mundo melhor, mais justo e generoso. O mundo que merecemos.

Vivemos na "idade da mídia", uma verdadeira "midiocracia", na qual os meios de comunicação influenciam nossa percepção a ponto de induzir nossas atitudes e ditar nossos pensamentos sobre todos os temas.

Se você conseguir alterar o foco de seu olhar, talvez perceba que, além da corrupção, também há políticos verdadeiramente honestos, empenhados em construir uma vida mais digna para todos. Passará a enxergar que, além da violência insana, há pessoas em todos os cantos do planeta que buscam semear a paz e a justiça. E sempre haverá quem encontre saídas criativas e solidárias para situações em que muitos só enxergam problemas.

Existem dois mundos nos quais você pode acreditar. Em um deles, você engrossará o coro dos que gritam que ninguém é confiável, que todo mundo é corrupto, que o ser humano é ruim por natureza e que tudo está perdido. No outro, você ajudará a reforçar a crença de que toda pessoa tem seu valor, que o ser humano é capaz de atos de imensa generosidade, que perdoar é divino e que há muitas coisas boas acontecendo nos quatro cantos do planeta. Não estou querendo dizer que não existam pessoas más, mesquinhas e invejosas e que você não deva se proteger delas – estou apenas sugerindo que você se concentre no oposto disso. Conviva com pessoas que tenham essa mesma capacidade e acabará atraindo para si mais situações benéficas do que pode imaginar.

Ficam então as perguntas: que mundo você prefere enxergar e fortalecer com sua fé? Com que palavras, gestos e atitudes você tem contribuído para que esse mundo se materialize e se fortaleça? Quais são as palavras que você tem pronunciado para ecoarem no mundo?

E se em algum momento você se questionar se sua fé e suas atitudes são capazes de mudar esse estado de coisas, lembre-se da sábia frase de Madre Tereza de Calcutá: "Sei que meu trabalho é uma gota no oceano, mas sem ela o oceano seria menor." Viva de acordo com valores positivos e se surpreenda com a transformação que você pode gerar a sua volta! É como o ensinamento do beija-flor durante um incêndio na floresta:

Enquanto as labaredas se alastravam e todos os animais corriam em direção contrária ao incêndio, apareceu um beija-flor lindo, de cores vibrantes, que ia ao encontro do fogo. Um elefante que passava correndo advertiu:

— Beija-flor, volte, a floresta está se incendiando, é perigoso!

— Não! — respondeu o pássaro. — Tenho que jogar água para ajudar a apagar as chamas.

— Mas, beija-flor, olhe para as chamas, veja o seu tamanho, você não vai fazer nenhuma diferença — insistiu o elefante.

E o beija-flor respondeu:

— Eu estou fazendo a minha parte.

Esse beija-flor era um pássaro de fé! Incansável na busca de realizar o que acreditava ser o certo, determinado a dar sua contribuição, mesmo que isso o colocasse em perigo.

A Bíblia diz que a fé remove montanhas. Hoje, sabe-se que a fé também ajuda a curar doenças. Ao contrário do que muitos pensam e defendem, a fé não é apenas um sentimento abstrato e sem consistência. Pesquisas revelam que doentes que decidem lutar para viver mais têm um prolongamento do tempo de vida. Há muitos estudos científicos comprovando os benefícios da fé na melhoria da vida dos pacientes. "Foi necessário que o homem tivesse consciência de sua própria mortalidade para criar um anseio orgânico pelo eterno", escreveu o dr. Herbert Benson, professor da Faculdade de Medicina da Universidade de Harvard.

Na pesquisa elaborada por ele, buscou-se explicar a fisiologia envolvida na cura pela fé. Segundo esses estudos, de 60% a 90% das consultas médicas têm como origem queixas relacionadas a estresse – hipertensão, infertilidade, insônia e problemas cardiovasculares. A maioria dos pacientes apresenta alto índice de noradrenalina e adrenalina, os chamados hormônios do estresse.

Durante a oração as pessoas entram em um estado mental que desacelera os batimentos cardíacos e a respiração, provocando uma sensação gradual de relaxamento. Como as orações são repetidas, esse estado é prolongado, reduzindo a velocidade das ondas cerebrais e, portanto, diminuindo o estresse. Ao ser questionado sobre que outra forma surtitia os mesmos efeitos no ser humano, ele respondeu que só com o uso de medicamentos. "Assim, a oração, movida pela fé, atua indiretamente no bem-estar e na recuperação", afirma o dr. Benson.

Segundo ele, técnicas não religiosas como exercícios de relaxamento e concentração podem produzir efeitos semelhantes, mas não oferecem o acréscimo do conforto espiritual. E o que é o conforto espiritual se não a sensação de que você não está sozinho, de que conta com um ser superior para lhe dar forças nos momentos mais difíceis?

Na Faculdade Johns Hopkins, em Baltimore, nos Estados Unidos, outro médico, dr. Thomas A. Corson, ministra um curso sobre fé e medicina. Como essa instituição, dois terços das universidades americanas têm disciplinas que estudam as relações entre saúde e espiritualidade.

É claro que não se trata de substituir a medicina pela religiosidade. A crença religiosa e a confiança na cura reforçam as possibilidades do paciente, mas medicamentos e tratamentos são indispensáveis. Até por isso, hoje em dia não se fala mais em terapias alternativas, mas em terapias complementares.

Hipócrates, o pai da medicina ocidental, já destacava o papel da espiritualidade como fator fundamental no processo de cura de um paciente. Talvez porque ele já percebesse que as doenças levam as pessoas a repensarem seus valores e a se questionarem sobre o sentido da existência humana.

A enfermidade é capaz de ampliar nosso nível de consciência, o que ocorre também quando se passa por outras situações-limite, como ser assaltado, sequestrado, presenciar um acidente ou a morte de alguém. Nessas situações, uma pessoa é capaz de rever, em segundos, todos os momentos marcantes que viveu, como se assistisse a um filme. É nesse instante crítico que se dá conta da fragilidade da vida, e isso causa um efeito muito forte no equilíbrio emocional.

Mas eu me pergunto: se todos nós já presenciamos a mudança de comportamento de alguém que passa por uma situação-limite, por que precisamos esperar que algo semelhante nos aconteça para decidirmos fortalecer nossa fé? Não seria mais fácil e bem mais sensato agirmos preventivamente, vivendo de acordo com nossos valores, trabalhando para que nossa fé se fortaleça antes que sejamos obrigados a isso por outra via, mais triste e dolorosa?

Se você está decidido a realizar sua missão, precisa cultivar sua fé, tornar esse valor tão presente em sua vida a ponto de ter a sensação de poder tocá-lo com as mãos. É no conjunto dos valores que encontramos a força para cumprir nossa missão no mundo. E jamais esqueça que acreditar o leva lá!

Amor

A melhor utilidade que se pode dar à vida é amar.
A melhor expressão do amor é o tempo.
O melhor momento para amar é agora.
Rick Warren

Falar de amor é algo que me fascina porque penso que o amor é a base de tudo. Estamos o tempo todo rodeados de gente, e o amor é o valor mais forte que nos une a nossos semelhantes.

O amor é capaz de nos elevar e dar sentido à nossa vida. Só por amor somos capazes de grandes gestos. Só por amor somos capazes de perdoar o que for preciso. Só por amor nos colocamos em segundo plano para priorizar a necessidade do outro. Só com o amor somos capazes de sentir a dor do outro e nos irmanarmos com ele.

O amor é a base da família, dos relacionamentos, da sobrevivência da humanidade, porque sem amor à natureza, por exemplo, não teríamos chegado até aqui.

Mas a prática do amor requer que saibamos que esse sentimento pode se manifestar de muitas formas, em diferentes estados e intensidades, exigindo de nós um aprendizado constante.

O amor materno ou paterno, por exemplo, se manifesta em uma ligação tão misteriosa e extraordinária que mal sabemos explicá-lo com palavras, como se o laço de sangue que une os seres humanos dispensasse explicações. É como dizem nossos pais: só compreendemos a grandeza desse amor quando temos filhos.

Talvez esse amor seja assim tão sublime porque é, no fundo, um amor a si mesmo. Amamos em nossos filhos a nossa centelha ali depositada. Eles são a nossa continuidade. Talvez seja essa a fonte do amor que nutrimos por eles. Não é à toa que esse é o único amor incondicional. Afinal, é pelo amor materno e paterno que nos eternizamos!

Mães e pais parecem adquirir de forma mágica a capacidade de demonstrar amor com um simples olhar, capaz de nos acolher, de nos acalmar, de sentir nossa dor e nossa alegria, mesmo que não possamos traduzir esses sentimentos em palavras. Não deixo de me espantar com essa capacidade humana de compreender e de se doar com tanta grandeza e generosidade.

Pai e mãe são capazes de educar sem machucar. Meus pais, por exemplo, são incríveis nessa arte. Eles conseguem me repreender com tanto amor e ternura que nem chego a perceber naquilo uma punição, pois parece, pelo contrário, só mais uma demonstração de carinho e ensinamento.

Se estivermos com o coração aberto, veremos que nossos pais estão sempre nos ensinando, de maneira afetuosa, até mesmo quando não nos damos conta disso, que o amor é o valor mais importante da vida. E é a partir desse amor que recebemos e conservamos em nós que, proporcionalmente, se manifesta nossa própria capacidade de amar.

É preciso ter aprendido esse amor para ser capaz de amar seu filho no momento em que ele faz aquelas birras que você mais odeia, quando ele lhe dá trabalho porque não está indo bem na escola, ou quando, irritantemente, se recusa a fazer algo banal e corriqueiro como escovar os dentes.

Outro dia estava conversando com um amigo que tem um filho pequeno. Ele estava muito triste, havia se separado fazia pouco tempo e me perguntou, com os olhos cheios de lágrimas, se eu sabia qual era a pior dor do mundo. Sem palavras e sem jeito, tomado pela emoção do momento, respondi que não. Ele continuou, dizendo que a pior dor do mundo era, após ter se separado da esposa, no final de um domingo, depois de ter passado o fim de semana com o filho, ter de levá-lo de volta para a ex-mulher e vê-lo, da porta, entrar em casa de costas para ele. "Essa é, sem dúvida, a pior dor do mundo", repetiu.

Por isso precisamos aprender a amar nossos filhos até mesmo nas pequenas coisas aparentemente chatas e irritantes, porque se tivéssemos de abrir mão delas sentiríamos uma falta atroz, uma dor insuportável.

Só o amor faz nascer o amor. É desse sentimento que recebemos de nossos pais que nasce o amor fraternal, não só o amor a nossos irmãos, primos e demais parentes, mas o amor que nasce em nós, independentemente dos laços consanguíneos, por aquelas pessoas com as quais passamos a conviver fora do ambiente familiar.

O que é a amizade senão uma das mais belas formas de amor fraternal? Não é à toa que dizem que os amigos são os irmãos que escolhemos ter. Assim, precisamos ser capazes de amá-los como são. É necessário amar seu amigo quando ele está mal-

-humorado ou quando pisa na bola com você. É preciso amar os amigos que não conseguem agir como você acha que deveriam. São nesses momentos que o amor cresce e se consolida, fazendo você também crescer como ser humano.

O amor é algo tão grandioso que se manifesta até mesmo por gente que você nunca viu. Esse talvez seja o amor mais caridoso, porque move a pessoa para a realização de algo maior, que não a beneficia diretamente — nem a seus filhos, seu irmão ou seus amigos —, mas ao próximo distante, um próximo que ela pode nem conhecer pessoalmente, mas que cabe em seu coração. Um próximo que ela acolhe e ama sem segundas intenções.

É aqui que você tem a oportunidade ainda maior de crescer como ser humano, porque uma das formas de ampliar nossa capacidade de amar é enfrentar de peito aberto a experiência de ser o outro por alguns momentos. Schopenhauer dizia que "Nada na vida pode nos colocar mais dentro do outro do que o sofrimento."

Muitas vezes, mesmo sem conhecer determinada pessoa, você é capaz de comemorar com ela uma vitória ou compartilhar sua tristeza por alguma perda. É pelo amor fraternal que você consegue se conectar com alguém distante. Nesses momentos, você sente a dor ou a alegria dele. E, se pudesse, seria capaz de abraçá-lo amorosamente, como se o conhecesse há dez, vinte, trinta anos. Afinal, uma alegria dividida são duas alegrias e uma tristeza dividida é meia tristeza.

Por isso amar é estar disposto a correr riscos, e estou falando de todo tipo de risco: de se decepcionar, de perder, de ser mal compreendido, de ser rejeitado, de ser surpreendido. Amor não é coisa para covardes! Roberto Tranjan tem uma definição que aprecio muito; ele diz que amor não é apenas um sentimento, é muito mais que isso. Amor é decisão e compromisso.

O mais misterioso e belo disso é que existem lições que podemos ensinar, outras que podemos aprender, mas amar só se aprende amando. Por isso o amor jamais pode ser aprendido de maneira solitária – você só aprende a amar amando alguém.

Só que é fácil amar quando está tudo bem entre você e a pessoa que você ama. Mas você só aprende a amar verdadeiramente se for capaz de manter esse amor mesmo quando as pessoas estão com raiva de você, quando falam palavras que machucam, quando ferem sua alma. É nesse momento que você precisa demonstrar a força de seu amor.

Preste atenção. Se você guardar bem o que vou dizer agora, tenho certeza de que economizará muitos fios de cabelo branco e não carregará arrependimentos. As pessoas que você mais ama na vida, um dia, conscientemente ou não, pisarão na bola com você. Aqueles que você mais admira, em algum momento, ainda vão chateá-lo profundamente. E não há nada de errado nisso. Um dia você vai amá-la e no outro corre o sério risco de odiá-la. Assim é a vida. Ninguém é tão bom quanto parece, nem tão ruim como demonstra ser. Todos erram e continuarão errando. Somos humanos imperfeitos.

Quando estamos nervosos, pensamos, falamos e agimos de forma inadequada, ficamos infantilizados, regredimos. A gente acaba agindo como um rebelde sem causa.

Lembra quando você era criança e ignorava as recomendações de sua mãe para que vestisse o agasalho? Ela insistia e, depois de perder a paciência, enfiava-lhe o casaco pescoço abaixo mesmo contra sua vontade. Lembra que mesmo que estivesse sentindo frio você ficava nervoso, batia o pé e até ofendia sua mãe, se não em palavras, pelo menos em pensamento, dizendo que ela era a pior mãe do mundo?

Tenho certeza de que, por mais que ela ficasse nervosa, com vontade de lhe dar umas boas palmadas, no minuto seguinte já estava tudo bem. Minha mãe puxava um assunto que nada tinha a ver com aquilo, algo que ela sabia que ia despertar minha atenção, aos poucos ela se aproximava de mim e, quando eu menos esperava, já estava ali no colo dela, recebendo cafuné, esquecido da briga.

É disso que se trata. Segurar a onda desses momentos conflituosos e desfrutar a alegria de perceber que, apesar deles, você continua amando e sendo amado. É claro que na relação entre pais e filhos isso parece mais fácil porque sabemos no fundo do coração que, por mais que pisemos na bola, eles sempre estarão do nosso lado. São raríssimos os pais que deixam os filhos à própria sorte.

É evidente que numa relação a dois o risco de que a pessoa amada desista de nós é muito maior. A dinâmica não é muito diferente. Quantas pessoas, na hora da briga, pegam pesado com o parceiro, falam coisas que se imaginavam incapazes de dizer? E, acredite, muitas vezes aquilo que é dito é exatamente o que estavam sentindo naquela hora, mas *só naquela hora*. Se conseguíssemos compreender e aceitar isso, no momento seguinte tudo voltaria a ficar bem, como ficava quando brigávamos com nossa mãe por causa de sua insistência em nos agasalhar contra nossa vontade.

Quantas vezes as pessoas se magoam e se machucam por discussões sem sentido? A certa altura da discussão, reconheçam ou não, algumas até se perguntam: "Por que foi mesmo que começamos esta briga?" E a resposta é o mais puro vazio. Entre casais essa é uma situação que se repete constantemente.

Por isso sempre digo que as pessoas deveriam criar um "arquivo morto" da relação. Não adianta, em qualquer briguinha, trazer à tona histórias que aconteceram há dez, vinte anos. Por isso é necessário conversar sempre, falar do que incomoda, do que entristece. Não guardem "selinhos".

Eric Berne, psiquiatra canadense e fundador da análise transacional, criou a "teoria dos selinhos", segundo a qual cada lembrança negativa que uma pessoa guarda no coração é como se fosse um selo. Se você não fala a respeito, acaba, mais cedo ou mais tarde, explodindo, normalmente por uma besteira, porque o coração estava cheio demais de lembranças negativas.

Para evitar que as pequenas chateações do dia a dia ganhem um peso que não têm, fale sempre sobre o que está incomodando, não deixe que as irritações se acumulem. Você pode dizer o que quiser, contanto que escolha bem a forma e o tom a usar. Mesmo as verdades mais duras de ouvir podem ser compreendidas quando são ditas com amor e respeito.

E não podemos esquecer que somos diferentes. Somos semelhantes, mas não somos iguais. Quanto mais cedo aceitarmos isso, melhor será para as relações de amor que mantemos. E que bom que somos diferentes! É por isso que sentimos aquela química e prazer na presença do outro. Nosso desafio é, de fato, aprendermos um com o outro, nos complementando e nos nutrindo de nossas diferenças.

O amor é sustentado pela admiração e pelo respeito. O respeito é fundamental em qualquer relação humana. Mesmo quando temos diferentes pontos de vista, é preciso saber ouvir e respeitar a opinião do outro. É por isso que algumas pessoas costumam dizer que se acabou o respeito, acabou o amor. Mesmo que isso não seja verdade, porque o amor verdadeiro nunca acaba (se acaba é porque nunca existiu), a falta de respeito é um forte indício de que a relação está fadada ao insucesso.

Muita gente ambiciona deixar para os herdeiros um patrimônio grandioso. Essas pessoas muitas vezes estão doentes pela falta de amor; concentram tudo na busca material porque não se deram conta de que o que vale a pena deixar é um legado. E um legado verdadeiro se constrói com amor, com a maneira como tratamos as pessoas. Pense nas histórias que irão contar sobre sua passagem por este planeta. Um ser humano é feito de histórias. Viva as suas com muito amor e seu legado será eterno.

Conheço pessoas que falam diversos idiomas – alemão, francês, inglês – mas que não conseguem ter um papo legal com o filho, não conseguem conversar com um amigo porque não aprenderam a única língua verdadeiramente universal, que é a língua do amor. Lembre-se sempre de que os relacionamentos se constroem com amor e que eles são a base da nossa vida.

A vida sem amor realmente não tem nenhum valor. O amor deve ser a prioridade do ser humano. É ele que nutre a alma. Jamais terá experimentado o sabor da vida aquele que não amou.

Fico abismado com as pessoas que estão sempre buscando "ganhar a vida", correndo atrás de algo que já está ganho. Todos ganhamos esse presente ao nascer, mas, infelizmente, muitos vão morrer sem ter aberto a embalagem e visto que esse presente tão especial, a vida, está recheado de amor.

Muitas vezes, lidamos com nossos relacionamentos como se eles fossem fardos a carregar. Buscamos um espaço na agenda para amigos e filhos, como fazemos com outra tarefa qualquer, quando, na verdade, os relacionamentos são o que temos de mais importante.

Precisamos cuidar de nossos relacionamentos. Não podemos sacrificá-los em nome do trabalho, como muitas pessoas fazem. Você não pode permitir que isso aconteça.

Ter uma boa vida amorosa é essencial também para sua missão. Se você estiver realizado no amor, terá mais disposição para buscar o propósito maior de sua vida. E se a pessoa que estiver ao seu lado der o apoio de que você precisa em sua jornada, tudo será ainda mais fácil e gratificante.

A pessoa com quem você compartilha seu amor não pode ser um obstáculo para a realização de sua missão. Em quase tudo na vida somos coautores, quase nada se realiza absolutamente sozinho.

Não é à toa que as empresas estimulam tanto as pessoas a trabalhar em equipe. Se você pensar um pouco, verá que a humanidade é uma grande equipe, feita de outras equipes menores (países, cidades, bairros, escolas, igrejas, famílias, casais).

Quanto mais essas equipes estiverem alinhadas em valores e sentimentos, mais grandiosas serão as realizações. Mas ser uma equipe não significa que todos devem ser iguais e pensar do mesmo modo. Muito pelo contrário. É na soma das diferenças, nessa pluralidade extraordinária do Universo, que reside a grandeza da existência.

IV. OBJETIVOS E METAS

O prazer de crescer

Quem tem um porquê enfrenta qualquer como.
VIKTOR FRANKL

A história nos mostra que existiram três grandes ondas no mundo. A primeira foi a da agricultura: quanto mais terra eu tinha, mais eu plantava e, assim, mais eu colhia e mais poder e dinheiro acumulava. Nessa época o mundo era dominado pelos proprietários de terra, e a importância de um homem era medida de acordo com os hectares que ele possuía.

Depois veio a onda industrial: quanto mais máquinas eu tinha, mais eu produzia e, como consequência, mais dinheiro e poder acumulava. Naquela época, a nobreza de um homem era medida pelo número de operários que trabalhavam para ele. Ou seja, quanto mais mão de obra ele possuía, mais ele produzia e mais grandiosa era a empresa – e ele se tornava mais poderoso.

Agora estamos na terceira onda: a do conhecimento. Quanto mais conhecimento eu tenho, mais compartilho com os outros e mais conhecimento passo a ter, e com um detalhe incrível: o que eu tenho ninguém me tira. Tudo o que estudei, vivi e adquiri de conhecimento faz parte de mim e pode ser a alavanca para meu progresso. O sucesso está nas mãos de cada homem e não mais nas relações tão estritas de poder dominantes nos dois momentos anteriores.

Como já vimos, alcançar conhecimento começa por conhecer a si mesmo. Por isso falamos tanto sobre missão até aqui, porque descobrir a missão é parte fundamental de conhecer a si mesmo. Se eu sei o que desejo realizar de mais extraordinário na vida, vou conseguir plantar uma semente desse desejo em cada atitude tomada no dia a dia. Se não sei, passarei pela vida jogando sementes ao vento, sem presenciar a beleza do sonho florescendo nem aproveitar a satisfação da colheita.

Já falamos também de como nossos valores são importantes para formar o chão em que a semente da missão deve ser plantada. Quanto maior for a solidez de nossos valores, maior será a garantia de que podemos realizar nossa missão.

Mas precisamos de algo mais do que conhecimento sobre nós mesmos, isto é, mais do que uma percepção exata de nossa missão para podermos alcançá-la. Necessitamos não apenas do conhecimento interno, mas também do externo, porque o mundo que nos cerca influencia nossa capacidade de realizar nossa missão. Precisamos de conhecimento verdadeiro sobre o que se passa a nossa volta a fim de usá-lo como impulso para a realização da missão.

No mundo atual, a quantidade de informações disponíveis não pode ser completamente assimilada. A agência de notícias Reuters gera 27 mil páginas de informações por segundo. São bilhões e bilhões de novos dados fornecidos no intervalo de um piscar de olhos. É humanamente impossível abarcar tudo isso.

O problema é que a maioria das pessoas confunde informação com conhecimento. Vamos entender melhor essa questão. Informação é o universo de dados obtidos, processados e organizados sobre algo ou alguém. Já o conhecimento depende da capacidade de escolher, dentro desse universo de informações, aquelas nas quais você tem real interesse pessoal ou profissional, para compreendê-las e incorporá-las a sua vida.

Só que para adquirir conhecimento verdadeiro e se apropriar dele precisamos de duas coisas. A primeira é pagar o preço. Há uma frase de que gosto muito: "Todo mundo quer ganhar, mas ninguém quer treinar." É natural que todos queiram se destacar na vida profissional, por exemplo, mas a verdade é que poucos estão dispostos a estudar, fazer um curso complementar, estudar uma língua estrangeira.

Para essas pessoas eu sempre digo: fuja da "síndrome das 9 às 18". As pessoas de sucesso são aquelas que buscam se desenvolver na vida e investir na carreira além do horário comercial. Faça cursos à noite e nos fins de semana; aí você terá a oportunidade de desenvolver novos conhecimentos e se destacar. Aja como o taxista que sai de casa todos os dias para trabalhar e não volta até ganhar o valor da diária do carro, da gasolina e do lucro dele. Coloque na cabeça o que você quer aprender e vá atrás; não volte para casa sem isso.

Sei que não é fácil encontrar tempo hoje em dia – trabalhamos, temos nossas relações pessoais, e tudo isso demanda muitas horas de dedicação. A falta de tempo é uma das reclamações mais comuns das pessoas, mas saiba que encontrará um meio se você se organizar e se realmente quiser acrescentar uma atividade a seu cotidiano, ainda mais se sua escolha for essencial para a realização de sua missão.

É como aquela história. Se você quiser pedir um favor a alguém, peça à pessoa mais ocupada que você conhece. Porque se pedir a alguém que não tem nada para fazer, provavelmente essa pessoa não vai dar conta do recado. Isso porque quanto mais atividades relevantes temos, maior nossa capacidade de organizar o tempo e realizar com eficácia as tarefas necessárias. E existe a dimensão mágica que o tempo adquire quando fazemos algo realmente importante. Quando estamos entusiasmados e alinhados com algo maior do que nossas tarefas rotineiras, é como se as horas fossem muito mais elásticas do que normalmente são.

O segundo passo para adquirir conhecimento é aprender a administrar a ansiedade. Com a sede de aprender e a quantidade de informações disponíveis, se você não souber lidar com a ansiedade, se quiser ler e saber de tudo, ficará bem difícil crescer na vida. Não é possível incorporar à vida profissional e pessoal todas as informações disponíveis hoje no mundo – não é possível para você nem para ninguém. Uma pequena dose de ansiedade faz bem, pois ela é um estado emocional do ser humano, assim como a raiva, a paixão, a alegria. Nós precisamos de uma dose de ansiedade, sim. Ela nos move, nos mantém vivos, faz as coisas acontecerem. Isso significa que sentir um pouco de ansiedade faz bem para todos nós.

Mas preste atenção: estou falando da ansiedade que você controla e que lhe faz bem, pois gera crescimento; porém, a ansiedade que controla você faz muito mal, porque — na ânsia de querer saber de tudo — ela o paralisa. Quem é ansioso demais abre muitas frentes e não segue nenhuma. Tem muita iniciativa, mas pouca ou nenhuma "acabativa", não tem capacidade de finalização. Conhece tudo parcialmente, sem profundidade.

O segredo está em ter foco e fazer as escolhas certas. Dessa forma, o conhecimento específico e necessário a seus objetivos servirá como uma mola propulsora para seu crescimento.

O conhecimento precisa ser cultivado, sem dúvida, porque é fundamental para a realização de qualquer missão. Mas em meio a tanta informação é preciso priorizar aquilo que faz sentido para o caminho que você decidiu trilhar.

Mário de Andrade dizia que existem no mundo basicamente três tipos de pessoas: os cultos, os semicultos e os ignorantes. Vou fazer uma pequena adaptação: existem os deuses, os ignorantes e os semideuses.

Os deuses são aqueles que sabem muito, estão sempre curiosos e são incansáveis na busca de novos conhecimentos. São aqueles que aprenderam a saciar a sede do saber com uma vasta dedicação a estudos, leituras e cursos. São seres inspiradores, donos de uma sabedoria envolvente, pessoas entre as quais gostaríamos de estar porque cada contato com elas é um aprendizado.

Os ignorantes são aqueles que muitas vezes não tiveram oportunidades, que sabem do limite de seu conhecimento, por isso buscam aprender. Seu conhecimento vem do fato de terem se sentado nas primeiras cadeiras da sala de aula da vida. Estão sempre abertos a novas descobertas, possuem sede de crescimento e de evolução constante. Estão dispostos a saber mais e descobrir novos horizontes.

E existem os semideuses. Estes são complicados, porque nada sabem, mas com seu discurso superficial e inconsistente tentam o tempo todo convencê-lo de que são os donos da verdade. Na sede de expor suas ideias, se perdem na armadilha da arrogância, tentando mostrar um conhecimento que não possuem. São aquelas pessoas que falam muito sem, de fato, transmitir algo importante e significativo.

Para adquirir conhecimento verdadeiro, portanto, você precisa primeiro fazer uma avaliação sincera de tudo o que aprendeu, reconhecer o que não sabe e partir em busca daquilo que lhe falta, se esse estudo complementar for importante para a realização de sua missão.

Por isso a missão precisa ser desdobrada em objetivos, metas e ações. Porque se você olhar sua missão como um bloco, pode ter medo de não ser capaz de realizá-la por achar que é grandiosa demais. Pode ficar com a impressão de que está diante de um imenso iceberg, impossível de ser contornado.

Então, para que sua missão possa ser aproximada da sua vida diária, você precisa ser capaz de enxergá-la em pequenas partes que formem esse todo que você deseja realizar.

Uma imagem que pode ajudar é pensar que a missão é o pico mais alto que você quer alcançar, os valores são a bússola para se orientar, os objetivos são o mapa para chegar lá, e as metas são como as placas das rodovias pelas quais você precisa passar no caminho. Perceba que tudo está voltado para o ponto aonde você deseja chegar, mas é uma trajetória a ser realizada em partes. Vamos ver mais de perto a definição de cada uma delas para conseguirmos utilizá-las a nosso favor.

Você tem um objetivo quando começa a fatiar sua missão em partes, a delimitar suas ambições nos vários papéis que desempenha na vida (familiar, pessoal, profissional, social e espiritual, por exemplo). O ideal é que a missão esteja presente em todas as esferas de sua vida, de preferência alinhada com sua visão e valores.

Partindo dessa perspectiva, convido você a fazer uma reflexão para que perceba como sua missão pode ou não estar sendo exercitada em cada uma das esferas de sua vida.

Eu sei que pode parecer forte, mas tente pensar no que diriam sobre você no seu velório. Quais seriam as lembranças boas que as pessoas teriam depois de sua morte? Pense em seus familiares, amigos, colegas de trabalho e mesmo nas pessoas que você não conhece, mas que talvez tenham alguma referência sua.

Há quem simplesmente se recuse a pensar na própria morte, mas, às vezes, colocar esse assunto em perspectiva nos ajuda a valorizar mais a vida. Você com certeza faria muita coisa de modo absolutamente diferente se soubesse que amanhã já não estaria aqui. Então não perca a chance de agir de tal modo enquanto está neste plano. Pense nas impressões e nos sentimentos que deixaria depois de morrer e avalie se eles condizem com o que você gostaria no fundo de sua alma.

O que eu gostaria que falassem de mim no meu velório?
Como eu gostaria de ser lembrado após minha morte?
De que irei me orgulhar muito?
Que legado quero deixar para as pessoas mais importantes na minha vida?
Que contribuição deixo para a humanidade nesta minha passagem pelo mundo?

Refletindo sobre as questões abordadas, você terá muito mais elementos para elaborar seus objetivos de vida, pois saberá em que esferas está deixando de agir como gostaria ou deveria. Com essa consciência, você poderá reorientar seus objetivos para o que realmente importa.

Os objetivos são os pontos da estrada que desejamos alcançar em nossa vida, os resultados em busca dos quais nos movemos. Só com uma visão clara e assertiva de seus objetivos você terá a motivação necessária para sair mais cedo da cama e ir dormir mais tarde, se preciso for. Isso acontece porque os objetivos funcionam como uma mola para nos impulsionar rumo à autorrealização.

Por isso é fundamental que você tenha objetivos claros. Objetivos claros nos encorajam, iluminam o caminho a ser seguido e tornam a caminhada mais segura e tranquila. A visão nítida do que desejamos nos inspira, o objetivo nos orienta e nos direciona no caminho a ser seguido.

A distância que existe entre a visualização daquilo que você quer para sua vida e o ponto em que você está hoje é o que vai ajudá-lo a definir e a orientar seus objetivos. Todos nós temos um caminho a percorrer, quer tenhamos consciência e lucidez em relação a isso, quer não. Do nascimento à morte, todos os dias, todos os nossos passos são etapas desse caminho. A diferença está em comprometer-se com as pegadas que ficarão na estrada e, a partir da perspectiva do que desejamos delas, fazer as escolhas que irão definir nossa trajetória.

Você pode fazer o caminho de ponta a ponta sem ter consciência do que realmente importa em sua vida. Ou pode percorrer o mesmo caminho consciente de tudo o que acontece, traçando os objetivos de cada etapa e desfrutando o prazer da existência a cada conquista. Claro que nesse caminho haverá momentos alegres e tristes, de ganhos e de perdas, mas não esqueça que tudo o que acontece, de bom ou de mau, é parte das atitudes que você toma em relação a seus objetivos. Talvez com exceção apenas das grandes tragédias, você é, sim, cem por cento responsável por tudo o que acontece em sua vida, porque tudo é resultado das suas decisões. Então defina seus objetivos, comprometa-se com eles e escolha seguir consciente rumo à realização de sua missão.

Não esqueça! O objetivo precisa ser claro o suficiente para que você seja capaz de se imaginar atingindo aquele ponto, como quando você se imagina em um lugar que só conhece por meio de revistas, televisão ou cinema. Você nunca esteve lá, ainda não chegou lá, mas já é capaz de se imaginar lá. Isso é um objetivo claro.

Mas os objetivos podem ser desdobrados em algo ainda mais palpável: as metas. Digamos que o objetivo é a imagem que se forma depois que você termina de montar um quebra-cabeça e que as metas são as peças do quebra-cabeça propriamente ditas. E não esqueça que todas as peças de um quebra-cabeça são importantes: se faltar uma, uma apenas, a imagem fica incompleta. Isso significa que as metas são peças fundamentais para atingir um objetivo e realizar uma missão. Mais do que isso, algumas metas são mais importantes do que outras. Sabe quando você está montando o quebra-cabeça e depois de encontrar determinada peça tem a impressão de que todas as outras se encaixam mais facilmente? É disso que estamos falando! Há metas centrais para atingir determinados objetivos; uma vez atingidas, facilitam o cumprimento das seguintes.

Pense em um alpinista que deseja escalar o monte Everest. O objetivo dele é, com seus amigos, escalar o pico mais alto do mundo, o mais desafiador e perigoso. Perceba que os riscos que fariam com que muitos desistissem servem, para ele, de estímulo para incentivá-lo a realizar seu objetivo.

Uma vez definido o objetivo, é hora de pensar nas metas. Aqui, o alpinista deverá analisar criteriosamente cada etapa a ser cumprida: a melhor estação do ano para a escalada, o tempo para realizá-la, as pessoas que irão acompanhá-lo, o período que ficará lá em cima desfrutando sua conquista, o momento de retornar à base da montanha em segurança e o tempo necessário para fazê-lo etc. Ou seja, ele definiu o objetivo e elegeu as metas necessárias para atingi-lo da forma que considera ideal. Uma meta central nesse objetivo, digamos, é desenvolver o condicionamento físico necessário para suportar todas as condições desfavoráveis que uma escalada dessa natureza pode apresentar. Sem o condicionamento, as demais metas perdem o sentido.

Vamos supor que seu objetivo seja mudar de área profissional. Você está insatisfeito com sua carreira, percebe que mudou muito como pessoa desde que a escolheu e que essa atividade não corresponde mais à pessoa que é hoje. Você reflete e decide que vai mudar de área. Para que chegue a esse objetivo, será necessário montar um plano de metas que o leve a alcançá-lo. Ou seja, terá de descobrir que tipo de profissão o agrada, quais conhecimentos precisará adquirir a fim de chegar lá. Naturalmente, para isso, você precisará ler sobre o assunto, pesquisar experiências semelhantes à que você deseja e, se possível, conversar com pessoas do ramo para adquirir todas as informações necessárias para refletir conscientemente sobre sua real potencialidade para isso. Talvez tenha de fazer um curso. E é possível que, para pagá-lo, precise de determinada quantia. Se assim for, talvez uma meta central desse objetivo seja juntar dinheiro suficiente para financiar novos estudos.

Você pode pensar: "Puxa, mas isso é difícil e trabalhoso demais!" É por isso que suas metas precisam ser parte de um objetivo relevante, que deve, por sua vez, estar alinhado a sua missão, algo tão grandioso e extraordinário que faça você sentir orgulho hoje de ser lembrado por isso mesmo após sua morte.

E para isso não adianta querer fugir ou pular etapas. Alcançar um objetivo requer disposição para cumprir as etapas uma a uma, subir os degraus que o levem até ele, ultrapassar as placas na rodovia que assinalam a que distância você está dele. É por isso que uma vida sem missão, objetivos e metas é uma vida desperdiçada.

A missão é o mais importante, mas sem os objetivos e as metas ela pode se transformar em um mero sonho, ou pior, em uma ilusão, um delírio. Podemos perceber isso em nosso dia a dia ao refletir como a falta de metas nos impede de alcançar até mesmo os objetivos mais básicos, mais primários, mesmo que não estejam relacionados a nossa missão.

Digamos que seu objetivo seja emagrecer. Ele precisa ser desdobrado em metas. Por exemplo: meta 1 — perder oito quilos até o dia 22 de dezembro deste ano; meta 2 — perder três desses quilos nos primeiros dois meses a partir de janeiro deste ano.

Se você não definir as metas, não conseguirá emagrecer de forma saudável. Sabe por quê? Porque nosso cérebro é limitado. Se você não der a ele todas as referências do que quer, de modo que ele consiga interpretá-las detalhadamente e trabalhar a seu favor, nada irá acontecer. Dizer apenas "quero emagrecer" é muito subjetivo. Para realizar esse objetivo, você precisa criar referências palpáveis de como o objetivo será realizado. Dessa forma, nosso cérebro começa a nos ajudar na realização.

Estabelecer metas parece algo fácil, mas não é, principalmente porque é muito comum confundi-las com os objetivos. "Emagrecer", "trocar de carro", "fazer uma viagem" não são metas, são objetivos. Para transformá-los em metas, temos de estruturá-los da seguinte forma: "emagrecer cinco quilos em seis meses", "trocar de carro no fim do ano, por outro do mesmo modelo, automático, preto e zero quilômetro", "viajar com minha esposa no próximo feriado para a casa dos pais dela".

Para estabelecer metas existem diversos métodos. Um dos mais interessantes e respeitados é o método Smart. Trata-se de um acrônimo em inglês com as iniciais das características fundamentais de uma meta. Ela deve ser: específica (*specific*), mensurável (*mensurable*), alcançável (*attainable*), relevante (*relevant*) e temporal (*time-based*).

Especificar sua meta é detalhar o máximo possível aquilo que você deseja, isto é, saber exatamente o que você quer, considerando uma série de situações e processos que possam interferir no cumprimento de seu propósito. Você pode ter como objetivo comprar um carro, mas isso apenas não basta. Você precisa estabelecer uma meta a partir daí, especificar. Digamos, comprar um carro do modelo X, da cor Y e do ano Z.

Mas sua meta também precisa ser mensurável. Então você pode estabelecer que sua meta é comprar o carro cujo valor é X reais. Ou seja, você traduziu seu objetivo em termos quantitativos.

Só que, para ser alcançada, a meta deve estar dentro de suas possibilidades, ou seja, tem de ser alcançável, porque se você desejar algo completamente fora do alcance isso não é meta, é delírio – e provavelmente vai gerar frustração. Então você precisa estipular o tipo de carro que cabe em sua realidade financeira. Por exemplo, comprar o carro X, cujo valor é 20 mil, para o qual terei que economizar 500 reais por mês ou assumir um financiamento num valor que esteja dentro do meu orçamento, digamos 500 reais.

De preferência, a meta também precisa ser algo relevante, que contribua para o seu bem-estar ou para a sua qualidade de vida. Se o carro é importante para que você possa, por exemplo, levar e buscar seus filhos na escola e assim passar mais tempo com eles, certamente essa relevância ajudará na motivação para alcançar sua meta.

E, por fim, você precisa definir um tempo para atingir sua meta, de maneira que esse prazo ajude a mobilizar suas energias e a focar seus esforços e suas ações. Sem prazo de validade, sua meta pode ficar perdida no tempo e no espaço e nunca se realizar.

Quantas pessoas sonham com uma casa própria e não são capazes de tornar esse sonho realidade por não definirem objetivos e metas?

Quando você especifica, mensura, define a possibilidade de alcance, estabelece a relevância daquilo e marca um prazo para realizar seu objetivo, ele deixa de ser abstrato e genérico e passa a ser uma meta. Por isso, meta boa é aquela que dá para fotografar, ou seja, é tão assertiva e detalhada que conseguimos ter seu retrato, podemos visualizá-la com clareza.

Faça uma lista com suas metas e coloque-a em destaque no escritório, deixe uma cópia na carteira, outra no criado-mudo, e a leia sempre. Estudos comprovam que as pessoas que escrevem suas metas e acompanham regularmente seus planejamentos costumam realizá-los com mais frequência do que aquelas que os guardam somente na cabeça.

Você precisa ter metas: ser promovido, fazer a viagem de seus sonhos, ter mais tempo para si mesmo. Tenha sempre suas metas. Eu aprendi que, se você não tiver metas, irá viver para realizar as dos outros. E isso é frustrante.

Eu me lembro de que, um tempo atrás, uma gerente comercial que conheço foi transferida de área e assumiu uma nova equipe. Após fazer uma reunião com o grupo, conversou com cada um e perguntou: "Qual é sua meta de vida?" Como não obtinha resposta, insistiu mudando a pergunta: "Qual é a sua meta para este ano?" Mas continuou sem resposta. Foi assim com todos os vendedores da equipe.

No dia seguinte, ela pendurou no mural um cartaz com fotos e o projeto de uma maravilhosa piscina. Reuniu toda a equipe e falou: "Fiquei surpresa com o fato de profissionais como vocês não terem ambições e metas, mas cada um sabe o que quer da vida. Eu tenho minhas metas, e uma delas é colocar uma piscina em minha casa de campo. Quero curtir os fins de semana de sol com meu marido e meus filhos. Já que vocês não têm meta própria, preciso que todos trabalhem para que eu possa realizar a minha para este ano."

Entendeu? E aí, já está pensando em suas metas?

O barato da vida é termos sempre metas desafiadoras. Meta fácil cansa, desmotiva, não tem força para nos impulsionar cada vez mais adiante. Meta boa é aquela que tem grandeza, que nos desafia, que a cada passo nos torna seres maiores e melhores, que nos obriga a nos desenvolvermos em direção a nosso propósito.

No entanto, não podemos falar de meta sem falar de competência, porque a competência está para a meta assim como o ar está para o ser humano. Competência é o famoso CHA: a soma de *conhecimento*, *habilidade* e *atitude*.

Muitas pessoas têm o desejo de crescer rápido, fazer acontecer da noite para o dia, e acabam estabelecendo metas sem avaliar a competência necessária para que elas se concretizem. Você precisa ter muito claro seu nível de competência para realizar suas metas. Em geral, as pessoas perdem a chance de alcançar seus objetivos porque não fazem a autoavaliação necessária.

Você pode subestimar sua capacidade de realizar uma meta, e isso acontece com muita frequência. Você avalia sua equipe de vendas e vê que ela tem potencial de crescer 20% naquele mês, mas não quer correr o risco de não atingir a meta e desmotivar as pessoas. O que você faz? Tira o pé do acelerador e pisa no freio, assume a meta de um crescimento menor, digamos, de 10%, que já seria bom. Na verdade, o que você está fazendo nesse momento é nada mais nada menos que sabotar seu potencial e o de sua equipe.

O mesmo acontece quando você está se exercitando em um parque ou em uma esteira e já tem condicionamento suficiente para correr mais cinco minutos, só que, como não está seguro disso, você fica em dúvida e opta por parar naquele ponto. Ora, se você mesmo sente que já é hora de exigir mais de si mesmo, por que não ultrapassar esse patamar? Nesse caso você também está deixando de explorar todo o seu potencial e se contentando com o mínimo.

Quando sua meta está aquém de suas competências, de seu potencial, existe um espaço para avançar, o que pode ser traduzido em oportunidade de crescimento. Mas às vezes é tentador nos mantermos naquele patamar de nossa zona de conforto, onde as coisas fluem com facilidade. Mas esse é o caminho da mediocridade. Não aceite fazer menos do que você é capaz. Talvez seja a hora de revisar a meta e acrescentar uma pitada de desafios a sua vida. Aproveite essa oportunidade e busque superar a si mesmo. O raciocínio de curto prazo é um dos efeitos negativos do mundo contemporâneo. O ser humano subestima sua capacidade de fazer as coisas por um, cinco, dez anos e superestima sua capacidade no curto prazo.

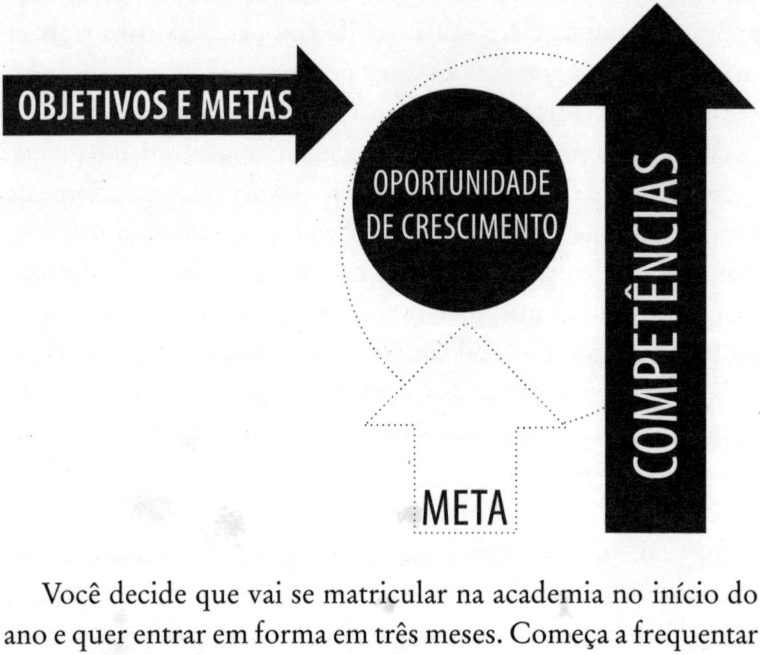

Você decide que vai se matricular na academia no início do ano e quer entrar em forma em três meses. Começa a frequentar a academia cinco, seis ou até sete vezes por semana. No início você pode até conseguir, mas logo a sobrecarga se fará sentir, e, com muita frequência, o resultado é que você desistirá em menos de um mês. Se fizesse um plano de um ano, indo duas vezes por semana no primeiro mês, três vezes por semana no segundo, incorporando assim essa atividade a seus hábitos e acostumando seu corpo, você teria resultados muito melhores, diminuiria as chances de contusões e estresse, protegendo o corpo e a mente. Além disso, aumentaria a possibilidade de incorporar a sua rotina o cuidado com a saúde, que é de suma importância para sua vida.

Talvez você se pergunte o que essas histórias de meta para perder peso, comprar carro ou construir uma piscina têm a ver com sua missão. Acontece que esse mesmo raciocínio serve para pensar o modo como você encara sua missão de vida. Você pode não ter a competência necessária para fazer algo maior ou simplesmente não fazer porque está acomodado, sem disposição de buscar a competência que lhe falta e se permitir fazer mais.

Se sua competência está aquém de sua meta, você está perdendo um tempo precioso, porque já poderia ter começado o que tem de ser feito para adquirir as competências que lhe faltam a fim de realizar sua missão. Digamos que sua missão de vida seja ter uma empresa e contribuir para que as pessoas consigam um emprego decente e possam viver com dignidade. Você sabe que poderia montar essa empresa, mas prefere garantir seu emprego e seu salário em vez de se arriscar num novo negócio, porque ainda precisa se capacitar em alguns aspectos para poder levar o empreendimento adiante. Já imaginou se todos os empresários pensassem assim? Não haveria emprego no mundo.

O detalhe é que 95% das empresas hoje, no Brasil, não possuem mais de cinco funcionários. Essas pessoas decidiram dar um passo maior rumo a sua realização e multiplicaram por cinco o alcance de sua missão. Se sua empresa tem condições de existir, mas não existe, se você tem vocação para ser empresário e sabe que essa é sua missão, mas não se arrisca porque precisa desenvolver novas competências e por isso prefere andar com o freio de mão puxado, você está sabotando sua missão de vida.

Outra forma frequente e menos perceptível de desequilíbrio entre meta e competência acontece quando você tem uma meta e todas as competências necessárias para realizá-la. Isso é excelente porque aumenta de maneira significativa suas possibilidades de atingi-la. Mas será que diante dessa condição não vale a pena revisar sua meta para ir além e se desenvolver um pouco mais?

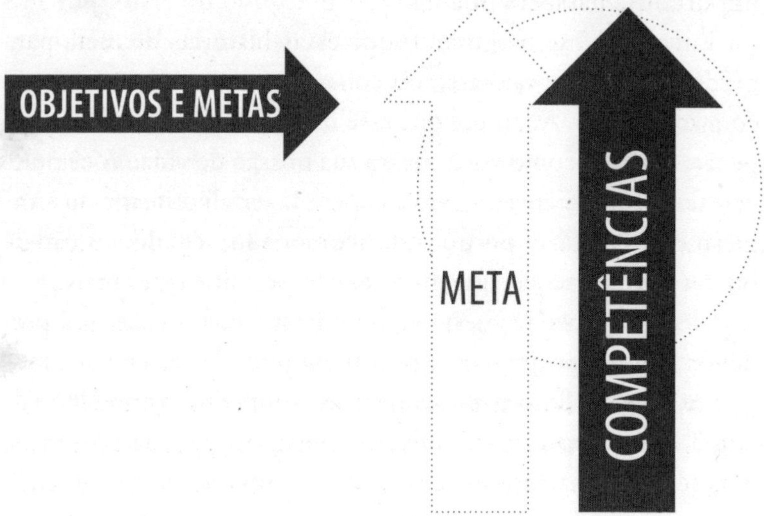

Digamos que sua missão seja mesmo ser empresário, contribuindo para que as pessoas tenham um emprego digno, e você já deu o primeiro passo: montou a empresa e está realizando sua missão. Só que você sente que poderia ir mais longe; tem todas as competências necessárias, mas não faz nada além do que está acostumado. Será que não é o caso de encontrar mecanismos que aumentem sua competência e, consequentemente, ampliem o espaço para desenvolver uma meta mais desafiadora?

Você emprega cinco pessoas, mas será que ajustando suas metas e investindo no desenvolvimento de novas competências você não poderia empregar dez, vinte ou trinta? Amplie o alcance de sua missão e crie metas desafiadoras para realizá-la por completo. Saber trabalhar proporcionalmente suas metas e competências pode ajudá-lo a alcançar tudo o que quiser na vida. Isso vale tanto para comprar uma televisão como para combater a fome no mundo.

Conheço pessoas que dedicam a vida a alimentar os famintos, a angariar alimentos e distribuí-los a quem não tem o que comer. Imagine se essas pessoas, com uma missão tão grandiosa, se contentassem em conseguir um quilo de arroz por mês para alguém? Imagine quantas bocas deixariam de ser alimentadas se elas apenas dissessem: "Bem, minha competência vai só até aqui."

Competência não tem limite. O ser humano tem um potencial infinitamente superior ao que considera ter. É preciso avaliar e ampliar nossa competência, o tempo todo, se quisermos fazer alguma diferença neste planeta, se quisermos realizar uma missão digna de ser lembrada, por nós, por nossos filhos e por todos.

Há ainda aquela dinâmica na qual a meta está claramente acima de suas competências. Isso por um lado é excelente, pois se a meta que você estabeleceu é desafiadora, o cenário é favorável a seu crescimento e desenvolvimento. Só que para realizar essa meta você precisa estar disposto a elevar seu grau de competência de forma consistente. Do contrário, pode se frustrar.

Imaginemos que você também tem o desejo de se tornar empresário, acredita que tem boas ideias, mas não entende nada de negócios e não tem o preparo básico para dar o primeiro passo. Sua meta é muito maior do que a competência de que você dispõe. Você tem duas opções. A primeira é esconder seu sonho embaixo do tapete e passar a vida inteira frustrado, culpando sua família, sua cidade, seu país ou o mundo, por não terem lhe proporcionado as condições ideais. A outra é arregaçar as mangas e criar as condições para alcançar cada uma das suas metas e chegar a seu objetivo, mesmo que para isso você tenha que "ralar" muito.

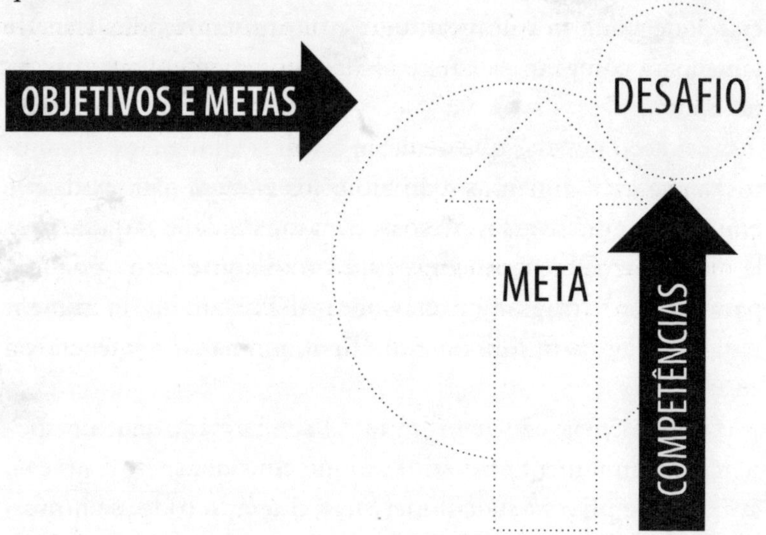

Com essas reflexões, você poderá estruturar melhor suas metas, se posicionar diante de seus objetivos e realizar sua missão. Isso significa também ampliar seus horizontes e superar seus limites. Se você estiver consciente de seu nível de competências em relação a sua meta, poderá buscar o que lhe falta estudando, se aprimorando, conversando e lendo, de forma a superar suas limitações.

No final, você só terá motivos para comemorar, porque meta boa é aquela da qual você sai melhor do que quando entrou. E você sabe se está crescendo quando olha para trás e vê que seus problemas, suas metas e desafios de hoje são muito, mas muito maiores do que os de ontem!

Uma meta alcançada é uma conquista que deve ser saboreada. Nunca devemos nos esquecer de desfrutar o prazer de concretizar uma meta ou um objetivo. O contentamento e a sensação de dever cumprido são dignos de serem comemorados sempre.

Outra lição que aprendi com meu pai é que sempre precisamos nos dedicar por inteiro a tudo o que fazemos, como se estivéssemos comprometidos com algo maior. Quando, além de conquistar o que estabeleceu em seu planejamento, você atinge a excelência, não estamos mais falando apenas em meta realizada, mas em meta superada.

É o caso do esportista que fica treinando até mais tarde depois que o restante do time vai embora, ou do estudante que lê mais e faz exercícios extras para consolidar o aprendizado e passar no vestibular da universidade mais concorrida do país, em vez de se contentar com uma menos importante. Busque e use a excelência, supere suas metas e lembre-se sempre de que o modo como você define e realiza suas metas determinará seu destino.

As pessoas que crescem mais rapidamente são aquelas que estabelecem metas desafiadoras e não vão dormir enquanto não as realizam, sempre buscando dar o melhor de si mesmo naquilo que pode parecer sem importância para os outros.

É com objetivos e metas claros, alcançados dia a dia com competência, levando em conta seus valores, que você se aproxima cada vez mais da realização de sua missão.

V. AÇÕES

Fazer acontecer

Grandes realizações são possíveis quando se dá importância aos pequenos começos.

LAO TSÉ

Até aqui falamos de missão, definimos objetivos, elaboramos metas. Agora é preciso pôr a mão na massa, partir para a ação. Ação é realização. É chegada a hora de fazer seus planos acontecerem. Chega um momento na vida em que a gente tem de dizer: "Basta de lero-lero, vamos ao que interessa." E o que interessa para quem descobre e planeja sua missão é ver o sonho concretizado, realizado, dando resultados.

Mas não estamos falando de uma ação sem sentido, sem propósito, daquelas que dão em nada. Vejo pessoas que fazem muitas coisas mas não chegam a lugar algum, estão sempre para lá e para cá e não realizam nada. Sabe por quê? Porque elas pensam que estão em ação, mas não estão; na maioria das vezes estão apenas fazendo movimentos, repetindo gestos mecânicos, sem coração nem alma.

Esses movimentos são todas aquelas agitações que tomam conta da gente, do nosso dia, da nossa agenda, quando nos empenhamos para dar conta de tudo e as coisas não fluem. O máximo que conseguimos é ir para casa sabendo que ainda há bastante a fazer. Quantas vezes você teve aquela sensação de que fez muito, mas não chegou a lugar algum; que seu dia não rendeu; que você não produziu nada de concreto?

Nessas ocasiões pensamos como seria bom se o dia tivesse mais de 24 horas para que pudéssemos produzir mais. Grande erro! Poderíamos ter o dobro de horas por dia e ainda assim elas não seriam suficientes para realizarmos nosso planejamento. Porque até agora estamos falando de movimento, não de ações.

Movimento é tudo aquilo que você faz ao longo da vida que não o leva a lugar algum, tudo aquilo que ocupa seu tempo, despende sua energia e que, objetivamente, não traz resultado. Diferentemente da ação, movimentos são ilusões que preenchem nossa agenda com o objetivo puro e simples de nos fazer desperdiçar nosso valioso tempo e nossa vida.

É cada vez mais comum as pessoas falarem que perdem muito tempo com a internet. Claro que a internet é uma tecnologia fantástica, que está cada vez mais inserida no nosso cotidiano. Mas há pessoas que passam o dia inteiro navegando na rede, e eu me pergunto o que tanto fazem naquele ambiente virtual quando há coisas muito mais importantes acontecendo no mundo real. Podemos usar a internet com um propósito específico: ler jornal, pesquisar um assunto, mandar uma mensagem, realizar uma compra. Tudo isso pode ser descrito como ação. Mas entrar e sair de sites freneticamente, sem absorver uma imagem ou mensagem, e já pulando para outro, não é ação, é movimento. O problema é que é um movimento sem fim.

Lembro-me de um artigo histórico escrito pelo dr. Drauzio Varella em que ele dizia ter decidido abolir o e-mail de sua vida porque as mensagens estavam se multiplicando de tal maneira que ele perdia muitas horas do dia para respondê-las. Imagine uma pessoa como ele, com uma missão tão extraordinária e um potencial excepcional como médico e pesquisador, virar um mero respondedor de e-mails.

Dependendo da proporção que adquirem em nossa vida, algumas coisas podem se transformar em movimentos sem sentido que nos roubam daquilo que realmente importa.

Ação não é movimento apenas; ação é tudo aquilo que você faz para atingir um resultado estabelecido previamente por você mesmo, ou seja, é fazer algo necessário para o cumprimento de suas metas, que por sua vez estão alinhadas a seus objetivos. Assim, a ação verdadeira é o movimento na direção certa, algo que cria as condições para que você atinja seus resultados.

Existem inúmeras formas de você fazer um plano de ação. Mas há duas das quais eu gosto muito. Uma delas consiste em fazer perguntas simples e diretas e, uma vez que você tenha resposta para todas, certamente seu planejamento de ações estará assertivo, só faltará a execução. Falaremos disso mais adiante.

Então imagine que você definiu um objetivo para sua vida: procurar emprego, se lançar em uma nova carreira, montar um novo negócio, sei lá! Responda às perguntas a seguir para começar a estruturar seu plano de ação.

As perguntas-chaves são:

- O quê?
- Quem?
- Quando?
- Onde?
- Por quê?
- Como?
- Quanto?

Veja a seguir um modelo de plano de ação para que você possa se inspirar, mas se lembre de que este é um modelo, você pode fazer o seu, criar um que vá ao encontro das suas necessidades. O importante é colocar em prática ações que gerem os resultados esperados.

PLANO DE AÇÃO

OBJETIVO: TRABALHAR EM MINHA ÁREA

META: CONSEGUIR ESSE EMPREGO EM 60 DIAS COM UM SALÁRIO 10% MAIOR QUE O ATUAL

	O QUÊ?	QUEM?	QUANDO?	ONDE?	POR QUÊ?	COMO?	QUANTO?	STATUS
01								
02								
03								
04								
05								
06								
07								
08								
09								
10								

⬆ REALIZADO	➡ EM ANDAMENTO	⬇ ATRASADO

Outra forma, da qual gosto muito, pode ser definida como "antes/ durante/depois". É só você definir sua meta e dividir o plano de ação em três partes. Na primeira – o antes – você lista tudo o que precisa ser feito: é a preparação da primeira fase do projeto. O durante é tudo aquilo que você fará ao longo do processo e o depois é tudo o que você fará em seguida. Simples assim. Veja dois exemplos simples, mas bastante didáticos:

Tomar banho:

ANTES	DURANTE	DEPOIS
ESCOLHER A ROUPA	LIGAR O CHUVEIRO	SECAR-SE
PEGAR A TOALHA	ENSABOAR-SE	VESTIR-SE
TIRAR A ROUPA	LAVAR-SE	PASSAR PERFUME

Entrevista de emprego:

ANTES	DURANTE	DEPOIS
ENTRAR NO SITE DA EMPRESA	ESTAR CONCENTRADO DURANTE TODO O PROCESSO	ENVIAR UM E-MAIL AGRADECENDO A OPORTUNIDADE
ARRUMAR-SE	SER TRANSPARENTE E CLARO NA FALA	LIGAR PARA SABER SE HÁ ALGUMA DEFINIÇÃO
VER QUAL É O MELHOR CAMINHO E O TEMPO NECESSÁRIO PARA CHEGAR NO HORÁRIO MARCADO	FAZER AS PERGUNTAS QUE ACHAR PERTINENTES	SOLICITAR FEEDBACK

Fazer o plano de ação é simples, existem diversos modelos, mas ele é apenas o primeiro passo. O pulo do gato é executá-lo com excelência. Segundo a revista de negócios *Businessweek*, 92% dos planejamentos não são colocados em prática. O plano de ação é a primeira fase, é quando você planeja cada fase do processo, mas a execução é fundamental e decisiva. Você pode escrever bonito, até porque o papel aceita tudo; no entanto precisa ser extremamente objetivo e competente na execução. Eu prefiro um plano de ação direto, assertivo e executável a um plano sofisticado e difícil de ser viabilizado.

Mas, para que seu plano de ação possa surtir os resultados esperados, é preciso estar decidido a executá-lo de verdade. Decisão é a palavra. De nada adianta ter uma missão grandiosa, saber os valores que precisam ser cultivados para a realização da missão, estabelecer os objetivos e metas e partir para a ação sem estar realmente convicto e decidido a realizar, a fazer acontecer. Por isso, é importante que você reflita sobre a missão de sua vida, os objetivos que deseja alcançar e a que distância se encontra deles.

Você precisa entender que só alcançará o que quer, seja lá o que for, se tiver capacidade e coragem de tomar decisões. Isso não é fácil, porque toda decisão gera uma consequência. É aquela história de que a batida das asas de uma borboleta pode provocar um tufão do outro lado do mundo.

Para a física quântica, tudo no Universo já existe antes de acontecer. Pode não existir concretamente, materialmente, mas existe como possibilidade. O que transforma uma possibilidade em algo concreto é, em primeiro lugar, a decisão. Quando decido que vou por uma rua e não por outra, estou criando as condições para encontrar ou não determinada pessoa, tropeçar ou não em uma pedra, me envolver ou não em um acidente, e assim por diante.

As decisões, naturalmente, são influenciadas pelos valores, pelas crenças de cada um, mas, principalmente, pela energia e pelo padrão de vibração com o qual a pessoa está sintonizada. Se ela estiver em boa sintonia, provavelmente estará mais protegida contra as chamadas fatalidades.

Uma pessoa que está intrinsecamente conectada com uma missão grandiosa tende a gerar em torno de si um campo de energia muito positiva, o que contribui para que as coisas aconteçam. Já ouvi dizer que o Universo trata de aproximar pessoas que estejam em sintonia. Portanto, se você estiver imbuído da ideia de sua missão, a vida irá ajudá-lo a realizá-la aproximando-o de pessoas e situações que estejam na mesma direção.

Mas isso não significa que você terá essa ajuda de graça. Lembre-se de que antes de receber essa mãozinha do Universo é preciso fazer a reflexão necessária para definir sua missão, estabelecer sua visão de mundo, pensar e praticar os valores que você julga essenciais, traçar objetivos, estabelecer metas e buscar com afinco as competências para realizá-la. Tenha certeza de que se estiver plenamente comprometido com sua missão, na hora de pôr a mão na massa, de fazer acontecer, você receberá ajuda de todos os lados – isso, é claro, se você primeiro partir para a ação.

Se você tem clareza de sua missão e vive sua verdade, não terá dúvidas sobre qual caminho seguir. Tome as decisões certas e materialize sua missão, pois você é perfeitamente capaz de intuir as consequências de suas escolhas. Nós sempre sabemos se estamos ou não no caminho correto, mas nem sempre nos damos a chance de nos escutarmos com paciência e atenção. Se você for capaz de se ouvir, saberá, a cada pequena decisão, o quanto ela o afasta ou o aproxima de seu destino. Porque às vezes um pequeno recuo faz parte da estratégia para chegar aonde se deseja. Aquela história de dar um passo atrás para depois dar três ou quatro à frente não deixa de ser interessante, desde que você tenha consciência do que está fazendo.

Quantas vezes, no trânsito, por uma fechada acidental, um motorista ofende o outro e este retruca, gerando um bate-boca sem sentido que pode acabar até em agressão física e morte? Se você já passou por uma situação assim, sabe que existe uma fração de segundo na qual você poderia ter dado um passo atrás e evitado o desenrolar de tudo.

Sei que não é fácil, que somos humanos e que às vezes o sangue ferve; sei também que as palavras explodem de forma desenfreada, sem pensarmos, mas é justamente esse o desafio. Saiba que você sempre tem muito mais a perder. Esteja continuamente alerta, pense o tempo todo nas possíveis consequências de seus atos, dos mais banais aos mais complexos, e assim você estará respeitando sua missão.

Quantas vezes, atrasados, corremos no trânsito? É imprudência pensar apenas naquele compromisso e esquecer que, agindo assim, estamos colocando nossa vida em risco. Esquecemos que as pessoas que amamos estão nos esperando em casa. Temos família; não podemos dirigir falando ao celular, acima da velocidade permitida ou desrespeitando o sinal vermelho. Quem tem uma missão grandiosa também tem motivos para cuidar de si mesmo com cautela e zelo.

O princípio de causa e efeito nos ensina que, na vida, você colhe o que planta. Quem planta tomate colhe tomate, quem planta raiva colhe raiva, quem planta o mal colhe o mal, quem planta amor colhe amor, quem planta o bem colhe o bem. Assim é a vida. Procure agir sempre baseado em seus valores. Assim, você terá uma vida com muito mais significado até nas coisas mais simples do dia a dia e uma colheita abundante em todas as esferas de sua existência.

Pensar a ação é muito importante em todo esse processo, porque ela tem efeitos imediatos. Vejo muitas pessoas querendo ajudar os outros. Aprendi que muita gente, na ânsia de querer ajudar, acaba prejudicando o próximo. Isso mesmo. Existem pessoas que querem ajudar quem não precisa de ajuda. Muitas vezes, a pessoa precisa ser sacudida para despertar do sono profundo que a acorrentou e você não interferir já estará ajudando.

Se você é dessas pessoas que adoram sair em socorro de alguém sem saber se o outro realmente precisa de ajuda, vou lhe contar algo que aprendi e que, certamente, irá ajudá-lo a canalizar melhor seu potencial solidário. Você só deve ajudar alguém se a resposta for "sim" para as próximas três perguntas.

A primeira delas é: "A pessoa precisa de ajuda?" Se a resposta for "não", se ela não precisar de ajuda naquele momento, não se envolva. Quantas vezes você se envolve em uma discussão em que não foi chamado na intenção de ajudar e acaba piorando a situação? E ainda que a resposta seja "sim", se você sentir que o outro precisa de apoio naquela ocasião, saiba que ainda é cedo para decidir ajudá-lo e vá para a segunda pergunta.

"Essa pessoa (realmente) merece ajuda?" Vejo muita gente merecedora de ajuda, mas também vejo aquelas que não fazem por merecer. Estas são, em geral, pessoas que estão acomodadas, esperando que alguém assuma as responsabilidades que cabem a elas. Se for esse o caso, não faça nada, porque você estará apenas perpetuando esse estado de coisas.

Agora vem a terceira pergunta, a mais importante de todas. Se a resposta for "não", entenda que, por mais que você queira ajudar a pessoa, seus esforços não surtirão efeito. A pergunta é: "Essa pessoa quer efetivamente ser ajudada?" Porque todos nós conhecemos pessoas que parecem dispensar qualquer tipo de ajuda, que insistem nos erros e tropeços com uma obstinação de tirar qualquer um do sério, de minar qualquer tentativa de ajudá-las. Nesses casos, por mais triste que possa parecer, não vale a pena sua intenção.

Há muita gente no mundo que precisa e merece ser ajudada, então não desperdice sua mão estendida com alguém que está num terreno movediço e não quer fazer esforço para se livrar dele.

Se a pessoa quiser, você estará no melhor dos mundos, pois sentirá que todo o investimento de tempo e atenção que fizer valerá a pena. Você poderá ser recompensado com aquele sentimento de dever cumprido que nos faz tão bem e que torna a vida mais digna de ser vivida. Uma das sensações mais gratificantes que o ser humano pode ter é perceber que sua intervenção fará uma diferença positiva na vida de outro. Jamais perca a oportunidade de ajudar alguém a encontrar seu caminho. Essa é uma ação que dignifica o homem. Mas faça isso com critério e consciência.

Então, pergunte-se sempre:

1. A pessoa precisa de ajuda?
2. Ela merece ajuda?

E principalmente:

3. Ela quer ser ajudada?

Isso tudo quer dizer que até para praticar uma boa ação é preciso ter competência. Do contrário, na ânsia de ajudar, você pode acabar prejudicando alguém. É claro que isso não significa que da próxima vez que quiser dar um pão a um faminto você deva reprimir o impulso, ir para casa e ficar arquitetanto um plano para dar esse pão. Mas, se sua missão é diminuir a fome no mundo, dar um pão a cada esquina talvez não seja a melhor estratégia.

Nosso processo de ação, em geral, ocorre da seguinte forma: tudo se inicia com nossa percepção das coisas. Essa percepção vem dos sentidos. Alguns captam melhor quando ouvem uma história comovente. Outros são despertados pela visão de algo incomum. Primeiro é preciso ser capaz de perceber, por isso a atenção a si mesmo e ao outro é tão importante. Por isso há quem diga que a atenção é a primeira forma do amor.

Só depois de sermos despertados por um dos sentidos é que vem o pensamento, ou seja, a racionalização sobre o que percebemos. Quando isso acontece, imediatamente questionamos aquilo que foi percebido e nos perguntamos por que as coisas são como são, por que não são diferentes.

Em um terceiro momento, da união da percepção com o pensamento pode nascer um sentimento, uma emoção que nos leve a agir para transformar aquilo que nos tocou. A emoção é a etapa anterior à ação. Sem emoção dificilmente você terá o impulso para a ação. É ela que nos toma antes da ação propriamente dita, é ela que nos impulsiona, que nos move para a ação – esta, sim, a última etapa.

É claro que no dia a dia todas essas etapas ocorrem centenas de vezes, em frações de segundos. Percebemos, pensamos e sentimos tudo quase simultaneamente, o que é bom e é ruim. Por um lado essa velocidade faz com que a ação seja quase imediata, mas por outro ficamos cada dia menos mobilizados com o que vemos ou ouvimos, porque não nos permitimos experimentar o que cada uma das etapas de fato significa em nossa vida.

Se eu paro em um sinal de trânsito e vejo uma criança revirando o lixo para achar alimento, a visão daquilo ou o cheiro do lixo pode despertar minha percepção. Na sequência, posso pensar: "É um absurdo que em um mundo com tanta comida uma criança tenha que revirar o lixo." E ainda: "Bem, eu acabo de sair do supermercado, meu porta-malas está cheio de comida, e eu poderia dar a ela algo decente para comer." Ao refletir sobre isso posso me lembrar das crianças de minha família, que estão em casa alimentadas e protegidas, me emocionar com aquilo e, finalmente, agir.

Mas, se todo dia vejo crianças na rua em situações semelhantes, posso simplesmente ficar anestesiado com aquilo. Dessa forma, a sequência *percepção*, *pensamento*, *emoção* e *ação* pode acontecer ao mesmo tempo, em uma fração de segundo. Quando eu me der conta, o sinal já terá aberto e eu já estarei a caminho de casa, completamente esquecido da cena desumana que acabara de presenciar, mesmo estando com o carro lotado de alimentos.

Isso nos mostra que para agir é preciso antes sentir, pensar e perceber. E para desenvolver essas capacidades é preciso estar centrado, primeiro em si mesmo, ciente de quem você é, e depois em sua missão, tendo consciência de que suas ações, por mais simples que sejam, terão mais sentido, mais significado, se estiverem alinhadas a sua missão.

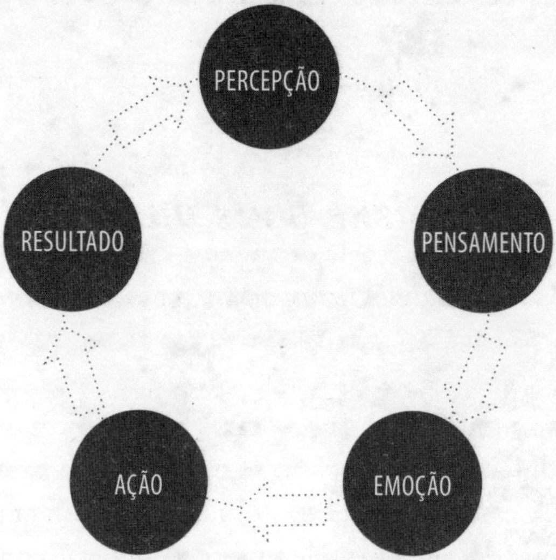

Ao chegar a esse ponto do livro, você já percorreu um caminho que lhe permitirá repensar sua vida, rever suas escolhas, remodelar seus objetivos e implementar as ações capazes de levar à realização de sua missão. Mas o conhecimento por si só não faz milagre. Você precisa ser capaz de se apropriar dele e tomar as atitudes necessárias. Isto é, mudar seu comportamento diante da vida.

Se houvesse uma fórmula mágica para que isso acontecesse, seria ótimo, mas não há. Tudo depende exclusivamente de você, de seu comprometimento com a vida e de seu desejo de que ela seja mais plena de sentido. Mas não pense que fazer as coisas como devem ser feitas para a realização de sua missão significa abrir mão do lado leve da vida. Muito pelo contrário! Viver as coisas boas da vida é condição fundamental para reabastecer você do combustível necessário para fazer tudo o que precisa ser feito. Vamos pensar um pouquinho sobre isso?

VI. DIFERENCIAIS COMPETITIVOS

As coisas boas da vida

As coisas que realmente importam na vida custam zero.
ANDERSON CAVALCANTE

Vejo o tempo todo gente que se mata para conseguir muito ou até pouco dinheiro, como se isso fosse o caminho para uma vida plena. Estou cansado de ver pessoas que se esfalfam para comprar uma casa de campo ou de praia e nunca encontram tempo para aproveitá-la. Querem comprar a casa na expectativa de que ela seja um lugar para unir a família e esquecem que mais importante que o espaço físico é o laço de confiança e amor entre as pessoas. O lugar é só um detalhe.

As pessoas abrem mão de um monte de coisas valiosas na vida, adiando o encontro com a felicidade. Quando conseguem o que desejam, depois de um tremendo sacrifício, de muitas noites maldormidas, descobrem que *tudo isso* é *só isso*.

Vejo com muita tristeza pessoas que se dedicam loucamente à carreira, almejando alcançar o posto mais alto da empresa, e para isso se entregam de corpo e alma ao trabalho, abrindo mão de tudo o mais, pois se torna impossível equilibrar a rotina estafante de competição desenfreada com a atenção à família, aos amigos e a si mesmas.

Antigamente apenas os homens se ressentiam de não poder acompanhar o crescimento dos filhos, de não estar presentes nos momentos marcantes da primeira infância. Hoje em dia esse é um drama que aflige também as mulheres, porque muitas delas embarcaram na mesma canoa ao se lançarem ao mercado de trabalho.

O triste disso tudo é que esse jeito de viver acaba gerando frustração e alto nível de angústia, tanto nos homens quanto nas mulheres, pois eles descobrem, cedo ou tarde, que perder toda essa outra dimensão da vida é um preço muito alto a pagar.

Por isso quero falar com você: a felicidade não está na sala da presidência, seja de que empresa for. A felicidade está nas coisas pequenas e simples. A sensação de plenitude que tanto faz falta a nossa alma está nas pequenas coisas. Esse é um dos ensinamentos mais importantes que aprendi com meus pais.

Meu pai é um homem sábio, que sempre quis transmitir para mim e para minhas irmãs tudo aquilo que aprendeu. Estudando e trabalhando muito, ele se tornou um exemplo para todos nós. Sempre lutou para nos proporcionar tudo o que ele, infelizmente, não pôde ter.

Minha mãe é uma guerreira incansável, que busca, com seu jeito amoroso, reforçar a prática de nossos valores para que possamos sempre expressar nossa verdade. Toda a sua vida foi dedicada a cuidar de nós e nos apontar o caminho para que nos tornássemos pessoas de bem: de bem com o próximo, de bem com a natureza, de bem com Deus.

Com eles aprendi que a grandeza da vida é feita de coisas simples, que a beleza da vida está na simplicidade e que devemos viver de acordo com nossa verdade, e não nos moldar ao que os outros esperam de nós.

Com eles aprendi também que as coisas que realmente importam na vida custam zero. Zero real. Um beijo de seu filho custa zero. Um abraço de sua esposa custa zero. Um cafuné de sua mãe custa zero. Um olhar de gratidão de um irmão custa zero. Veja que contradição: as pessoas se matam para conseguir mais e mais dinheiro e se esquecem de que o essencial da vida custa zero e não está à venda.

É legal você ter dinheiro de seu trabalho honesto e poder proporcionar uma boa condição de vida para sua família. Mas você não pode esquecer que as coisas que realmente importam na vida custam zero.

Talvez você esteja questionando: "Mas, Anderson, nós precisamos de dinheiro o tempo todo, como fazemos?" Eu lhe garanto que dinheiro não é a coisa mais importante do mundo. Você precisa dele para ter acesso a coisas essenciais, como a educação de seus filhos. Também para garantir a saúde deles, é preciso ter dinheiro. Para viver com conforto, é preciso ter dinheiro. Assim como muitas coisas mais. E não há nada de errado em querer ter dinheiro. O problema é quando você pensa em dinheiro o tempo todo, é quando só consegue enxergar dinheiro e necessidades materiais para todos os cantos que olha.

No mundo capitalista em que vivemos, somos o tempo todo instigados a nos aproximar do lado material e nos distanciar do que é essencial. Mas basta que você pense um minuto para ver o absurdo dessa ideia. Não existe dinheiro no mundo capaz de confortar alguém que perdeu um ente querido. Não consigo imaginar quantia alguma que preencha uma alma vazia. Não há dinheiro que substitua o amor que é capaz de nutrir e unir uma família.

O dinheiro muitas vezes é apenas um mecanismo que as pessoas encontram para mascarar suas fragilidades e seu distanciamento da própria essência. O psicanalista Carl Gustav Jung criou um conceito muito esclarecedor para entender essa necessidade que o ser humano tem de se esconder de si mesmo: trata-se do conceito de *persona*.

Persona significa máscara, entre outras coisas, e é um termo do teatro grego antigo. Naquela época as peças tinham mais de cem personagens. Eram verdadeiras celebrações, como a da Paixão de Cristo que encenamos no Brasil, envolvendo dezenas de atores e atrizes. Hoje em dia, as peças de teatro costumam ser encenadas por atores profissionais, mas naquela época nem todos tinham competência dramática.

Em geral, apenas uns dez atores dispunham do talento necessário: boa impostação de voz, domínio de palco etc. Estes tinham de representar mais de um papel na mesma peça, apenas trocando de máscaras de uma cena para a outra.

Inspirado no que acontecia no antigo teatro grego, Jung criou o conceito de *persona* aplicado ao campo da psicologia humana. Para ele, na vida real as pessoas se comportam exatamente como os atores do teatro clássico. Há uma máscara para usar em casa, outra no trabalho, outra na vida social.

Se você olhar para o lado, verá que muitas pessoas que o rodeiam usam máscaras o tempo todo. Quem nunca teve a experiência de conviver com alguém no ambiente de trabalho que parece ter "duas caras"? Ou mais de duas? Pessoas que entre os colegas de trabalho se comportam de determinada maneira, mas mudam da água para o vinho quando estão na presença de um chefe, por exemplo. Ou que são de um jeito no ambiente de trabalho e de um completamente oposto na vida familiar.

Pois descobri que, no dia a dia, quando estou vivendo as coisas boas da vida, quando valorizo aquilo que realmente importa, consigo me proteger do poder nefasto que essas máscaras adquirem com o tempo. Eu não permito que elas me deformem e alterem minha essência. Porque as coisas boas da vida me aproximam do que é essencial e me afastam de tudo o que é pura aparência.

Quando estou curtindo as coisas boas da vida, fazendo o que realmente gosto, centrado em minha missão, valores, objetivos e metas, desarmado e sem máscaras, ciente de que não preciso apenas de bens materiais e sim do vínculo com as pessoas que amo e de um propósito maior na vida, nesse momento estou sendo eu de verdade e, com certeza, estou mais próximo do que o Criador espera de mim.

Na época em que escrevi meu primeiro livro – *As coisas boas da vida*, inspirado nos ensinamentos de meus pais e buscando cumprir minha missão de ajudar as pessoas a descobrirem significado em sua vida e a acreditar sempre –, coloquei meu coração e minha alma naquilo. E fiz isso porque acredito que minha missão neste mundo é despertar as pessoas para que possam curtir as coisas boas da vida e fazer o que realmente importa. E hoje eu diria: sem máscaras!

Acredite, se você entender isso e levar de verdade para sua vida, vai descobrir uma nova dimensão da existência, porque uma vida baseada em falsidade e aparência não é vida, é apenas uma encenação patética e sem valor nenhum.

Muitas vezes as pessoas usam máscaras porque querem se igualar umas às outras, porque desejam pertencer a determinado grupo. Se você já se sentiu inclinado a agir dessa forma, tome cuidado para não acordar um dia e perceber que não pertence mais a si mesmo, porque a máscara que usava grudou em seu rosto.

Precisamos viver nossa vocação e respeitar nossa individualidade e a dos outros, aprendendo a admirar as diferenças e a conviver com elas. Quando cozinhamos, é diferença no uso dos temperos que dá sabor aos alimentos; na vida, são as diferenças entre as pessoas que dão verdadeiro sabor às relações. Alguns momentos são mais doces, outros mais ácidos, é verdade, mas já pensou se todos os temperos fossem iguais? Que sem graça seria!

Vejo que as pessoas estão buscando o tempo todo investir no que é externo quando o que realmente importa é o interior de cada um. Buscam fora o que não têm dentro de si. Pior é que não acham, e não vão achar nunca.

Quem é baixo quer ser alto. Quem é alto quer ser baixo. Quem é moreno quer ser loiro. Quem é loiro quer ser moreno. Quem tem cabelo comprido quer ter cabelo curto. Quem tem cabelo curto quer ter cabelo comprido. Que besteira! Tudo isso para agradar a quem? Acho que nem a si próprias as pessoas têm agradado agindo dessa forma!

No início da era cristã, o filósofo Sêneca dizia: "Finalmente, constrangidos pela fatalidade, sentimos que a vida já passou por nós sem que tivéssemos percebido." É assim nossa vida, um suspiro, então por que não fazer de cada instante um momento memorável, sem ficar perdido atrás de uma máscara que não é a sua verdade?

Você olhará no espelho e reconhecerá orgulhosamente o ser humano que está ali diante de si. Não tenha vergonha de ser quem você é de verdade. Você pode com isso expor suas fraquezas e limitações, mas também pode reconhecer e ser reconhecido por suas forças e virtudes.

Tenho visto cada vez mais as pessoas engrossarem suas listas de frustrações e cada vez menos se empenharem na busca das suas convicções, pois ficam perdidas entre ser o que são e ser o que os outros gostariam que elas fossem. Não percebem que a vida está passando diante de seus olhos, escorrendo entre seus dedos.

Quando falo que as coisas boas são simples, não estou fazendo nenhuma apologia à pobreza, e sim falando daquilo que de fato tem significado e valor real. Até a palavra pobreza deveria ser usada apenas para definir as pessoas que são desprovidas de saúde, de valores, de missão, de alma – esses, sim, são os verdadeiros pobres.

Porque a pobreza, tal como prega o senso comum, não precisaria existir em um mundo tão abundante como o nosso se o amor ao próximo fosse praticado de verdade. Mas para isso seria necessário que estivéssemos verdadeiramente acessíveis às pessoas que precisassem de nós. Repare que eu disse acessível, não disponível. Estar acessível é estar ao alcance de quem precisa, estar aberto a se sensibilizar com a necessidade alheia.

Como na história de duas freiras que caminham juntas e não podem ter nenhum contato com homens. Em determinado momento, elas encontram um senhor de idade com dificuldades para atravessar a rua. Uma delas não hesita e o ajuda a atravessar. O senhor agradece e a freira segue em frente.

Depois de mais de uma hora caminhando em silêncio, a freira que não havia ajudado o homem se vira para a outra e diz: "Você sabe que não deve ter contato com homens. Por que o ajudou?" A outra responde: "Saiba que meu ofício é ajudar quem precisa. Eu o ajudei há mais de uma hora, mas é você quem está com o homem até agora no pensamento."

Estar sempre acessível àqueles que precisam de nós não tem nada a ver com estar sempre disponível para qualquer um a qualquer momento. Vejo pessoas que ficam disponíveis demais para resolver os problemas alheios e acabam, por vezes, deixando de lado a própria vida, abrindo mão de suas necessidades porque estão ocupadas com questões que não lhes dizem respeito. Quantas vezes deixamos que problemas dos outros nos acompanhem por nossos caminhos, conflitos que acabam nos desgastando, minando toda a nossa energia?

Precisamos compreender que existem coisas que o homem nunca será capaz de saber. Coisas que estão acima de nossa capacidade de entendimento, mistérios que não podemos descobrir pela razão. Alguns desses mistérios podemos sentir. Outros, imaginar. Mas há também aqueles dos quais não fazemos a menor ideia.

Não sabemos, por exemplo, o dia em que vamos deixar este mundo, o que me lembra uma experiência marcante que tive na companhia da monja Coen Sensei, algo que para mim representou uma espécie de revelação.

Tudo se passou em uma dinâmica de grupo, realizada em um convento franciscano, numa manhã ensolarada. Ela pediu que a seguíssemos em uma caminhada, olhando para baixo e prestando atenção em todos os sons da natureza, em tudo o que conseguíssemos enxergar ao nosso redor, mesmo estando cabisbaixos.

Iniciamos a caminhada por uma trilha no meio da natureza. Os sons dos pássaros na copa das árvores eram música para nossos ouvidos; sentíamos o calor do sol aquecendo nosso corpo. Estávamos extremamente sensibilizados com aquele contato íntimo e silencioso com a natureza, tínhamos a nítida sensação de fazer parte dela. Era um momento de plena comunhão.

Depois de algum tempo caminhando naquele estado de plenitude, nos percebemos em um lugar diferente, envolvidos por uma atmosfera pesada e sombria, e, como estávamos de cabeça baixa, logo nos demos conta das cruzes que estavam a nossa volta.

Pasmem! Estávamos em um cemitério. O clima mudou completamente. Eu vi uma sepultura que era recente, pois a terra estava remexida. Senti uma tristeza imensa. Uma angústia passou a ocupar meu coração, que minutos antes estava cheio de paz e contentamento.

Demos ainda mais alguns passos e logo estávamos fora do cemitério. Voltamos a ouvir o canto dos pássaros. O verde ao redor transmitia vida e nos contagiava, mas me senti dividido e confuso por experimentar sensações tão diferentes em um espaço de tempo tão curto.

Ao terminarmos nossa caminhada, ela pediu que levantássemos a cabeça e olhássemos ao redor. Vislumbramos mais uma vez a grandiosidade da natureza e sentimos a vida pulsando mais forte que nunca. Com a voz serena e vagarosa, ela nos disse:

– Saibam que assim é a vida. Estamos aqui e agora vivendo, mas a morte está o tempo todo ao nosso lado.

A vida é assim, repleta de mistérios, e tudo pode mudar a qualquer momento. Um desemprego, uma separação, a morte. Por isso viva cada instante da forma mais intensa e verdadeira que puder. Aproveite cada oportunidade que a vida lhe oferecer, desfrute as coisas boas que a vida lhe dá e viva sua verdade.

Afinal, como diz meu amigo Amadeu Pagnanelli: "Você não tem todo o tempo do mundo."

A vida é um milagre repleto de pequenos milagres que acontecem diante de nossos olhos todos os dias. Só não enxerga quem não quer. Na interpretação dos Evangelhos, a função de um milagre não é chamar a atenção para o acontecimento em si, e sim revelar o divino, fortalecendo nossa crença. Os milagres acontecem para que prestemos atenção, para que despertemos para as coisas que serão ditas ou mostradas a seguir.

Infelizmente as pessoas às vezes ficam cegas e surdas aos milagres que lhes são revelados constantemente. Você já parou para pensar no milagre que é o encontro de duas pessoas que se amam, se unem e dessa união fazem nascer uma nova vida? Assim se inicia uma família. A família é a base de tudo, é nela que nos encontramos com nossas raízes. Existe um elo familiar que vai além dos genes e do tipo sanguíneo. É o mistério do amor da família. É por isso que dizem que se você quiser acabar com a briga entre dois irmãos basta bater em um deles, que os dois virão para cima de você. Isso é a família; ela funciona como uma colmeia de abelhas: mexeu com um membro, mexeu com todos. É na família que vamos buscar conforto sincero e nos nutrir. O barato da vida é ter raiz, por isso regue suas raízes todos os dias. Aliás, você tem raiz? Se um dia você e sua casa ficarem sem raiz, não tenha dúvida: as pessoas irão embora e a vida perderá parte de todo um significado que passa de geração em geração.

Saber e poder agradecer o que se tem é também uma coisa boa da vida que aprendi com meus pais. Agradeça ao seu marido ou a sua esposa por estar sempre a seu lado nos momentos difíceis. Agradeça ao seu irmão cujo ombro amigo está sempre disponível para você chorar suas lágrimas. Diga obrigado àqueles que sempre o apoiam em suas decisões. É muito importante agradecer às pessoas que nos amam e se preocupam conosco, pessoas que estão sempre transbordando de amor para nós.

Aprenda a agradecer o que a vida lhe deu. Faz parte de nossa natureza sonhar, desejar e pedir, mas a grandeza humana está em nossa capacidade de agradecer. Agradeça a dádiva das pequenas e das grandes ajudas que você recebe ao longo da vida. Agradeça àquele amigo que o indicou para um emprego, agradeça àquele professor que lhe mostrou o caminho do conhecimento, agradeça a Deus por todas as conquistas que você alcançou até hoje na sua vida.

Em vez de reclamar de algo que não vai bem, agradeça pelo que vai bem. Não fique reclamando da vida! Reclamar é viver a vida olhando pelo retrovisor. Você perde tempo e energia analisando o que já passou, o que ficou para trás. Olhe para a frente. Veja a vida por outro ângulo. Cultive o entusiasmo. Não deixe que os pequenos ou grandes tombos do caminho o transformem em uma pessoa ressentida.

Mas para isso é essencial que você não permita que as coisas que lhe faziam bem fiquem para trás e passem a fazer parte de seu passado.

Lembra-se de seu primeiro beijo? Da sensação que o antecedeu? Uma mistura de medo e desejo intenso de experimentar? Você enfrentou e superou o medo, e a recompensa foi uma lembrança para guardar para o restante da vida e que até hoje aquece seu coração.

E hoje, você tem beijado de verdade a pessoa que ama? Ou o beijo virou apenas um gesto mecânico, sem alma, sem envolvimento? Eu fico muito triste quando vejo que a maioria das pessoas, depois de anos de casamento, desaprende o beijo apaixonado e envolvente de outrora. No lugar dele, elas passam a dar apenas uns beijinhos formais, aqueles selinhos rápidos, que aparecem em público somente nas datas comemorativas, para serem registrados na foto.

Por que isso se uma das coisas boas da vida é beijar de verdade? Beijo bom é aquele que faz a pessoa amada se sentir beijada na alma. E você, que tipo de beijo tem dado nas pessoas que ama? Eu me pergunto: por que as pessoas deixam de se beijar com ardor? Por que deixam de curtir essa experiência tão prazerosa?

Cheguei a questionar algumas pessoas sobre isso e ouvi como resposta que "a vida caiu na rotina", como se a rotina fosse culpada por todas as mazelas e angústias. Somos especialistas em inventar desculpa para desviar o foco de um problema real! Responsabilizar a rotina por seus aborrecimentos é uma forma de se enganar, de jogar para baixo do tapete um problema e não assumir sua responsabilidade por ele. Digo isso porque o único responsável pela rotina é você. Isso mesmo! É você quem determina, a cada atitude, a cada dia, se sua vida vai se transformar em uma sucessão de gestos mecânicos ou se cada momento terá significado.

Outro dia tive uma lição sobre rotina ao assistir a uma entrevista na televisão. Ao ser questionada sobre a rotina, uma mulher me surpreendeu com sua resposta. Ela dizia que amava sua rotina, pois acordava todo dia ao lado do homem que amava, tomava café da manhã com ele e os filhos, levava as crianças para a escola e aproveitava o caminho para conversar ainda mais com eles, depois ia para a empresa, onde trabalhava naquilo que tinha se preparado a vida toda para fazer.

Após um dia de trabalho, ela voltava para casa e curtia ainda mais os filhos e o marido, até que, cansados, iam dormir. E no dia seguinte começava tudo de novo. "Existe rotina melhor que essa?", ela disse. "Você acha que vou reclamar da minha rotina? Eu não!"

Entendeu? Reveja de fato o que você tem feito de sua vida, como você tem aproveitado os pequenos prazeres que a vida lhe oferece. Se lhe falta desejo até mesmo para preservar a intensidade de um beijo, será que é culpa apenas da rotina? Vou ser duro agora: você está acordando ao lado da pessoa que você ama? Se não, reavalie se quer continuar nessa relação. Às vezes, por medo de ficar sozinho, você prefere deixar as coisas como estão, só que, se pensar um pouco, verá que já está sozinho. Mas se não for nada disso pare de reclamar da rotina. Mude sua atitude. Cultive a paixão e preserve seu amor. Beije muuuito!

Pense bem e você verá que o mundo está de pernas para o ar e os valores estão invertidos. Amamos as coisas e usamos as pessoas. Não deveria ser exatamente o contrário? Precisamos rever o que valorizamos e voltar a apreciar o que temos.

Questione os valores materialistas. Ouse ser diferente. Você tem apreciado a beleza natural da vida? Quando foi a última vez que você parou para ver o pôr do sol ou contemplar a lua? Talvez você me ache ingênuo ou romântico demais por dizer isso, mas não se trata de ingenuidade, e sim de amor à vida.

Às vezes as pessoas me perguntam se tenho problemas. Devem pensar que, só porque escrevo sobre as coisas boas da vida, meu dia a dia é feito apenas de acontecimentos agradáveis – mas não é bem assim. Eu também tenho problemas para enfrentar, desafios para superar, e me deparo com perdas que jamais gostaria de experimentar. Há dias em que fico borocoxô, de baixo astral, enfim... Mas procuro entrar em contato comigo mesmo e entender de onde vêm os sentimentos que perturbam minha paz e fazem minar meu entusiasmo. Assim consigo perceber a origem do problema e buscar a força necessária para voltar a me sentir bem.

Outro dia fiquei mal, com uma queimação persistente no estômago, e decidi ir ao médico. Depois de fazer alguns exames, veio o diagnóstico: gastrite nervosa. Conversei com o dr. Fernando Leal Pereira, que é um médico especial, e contei que minha alimentação era saudável e eu praticava esportes regularmente. Como eu poderia estar com gastrite?

Ele respondeu que eu precisava levar em conta que se tratava de uma gastrite nervosa. Portanto, eu poderia ter a melhor alimentação possível e praticar quantos esportes quisesse, mas esses hábitos não seriam suficientes se eu não acalmasse a mente e o coração.

Nesse momento ele me fez uma pergunta que eu nunca imaginei que ouviria de um médico: "Você tem um tempinho?" Normalmente os médicos estão sempre correndo para atender o próximo paciente. Mas percebi depois que ele me oferecia ali muito mais do que seu tempo.

Conversamos sobre minha ansiedade, e a certa altura do papo ele começou a me contar uma passagem de sua juventude, da época em que tinha uma idade próxima à minha hoje.

Na época ele estava cheio de problemas, havia brigado com a namorada, estava sem dinheiro, o período de residência era muito puxado, com o ritmo de trabalho acelerado, além de uma carga pesada de estudos – enfim, ele não estava bem. Contou que no hospital em que fazia plantão havia diversos pacientes, mas que ele era responsável por monitorar a recuperação de apenas alguns deles. Estava lá cuidando de um de seus pacientes e, na hora de ir embora, ouviu uma paciente de outro médico se dirigir a ele:

– Dr. Fernando, é o senhor que está aí?

– Sim, sou eu, você precisa de alguma coisa?

– Não, doutor, eu estou bem, mas e o senhor, está tudo bem com o senhor?

– Ah, estou um pouco cansado, sabe como é plantão...

– Dr. Fernando, não fique assim, é tão bom quando o senhor vem aqui, a alegria que o senhor tem, a energia que passa, a forma como o senhor cuida das pessoas e se preocupa com elas, e além de tudo está sempre cheiroso. Não fique assim, não. O senhor não merece ficar desse jeito.

Ele foi embora intrigado e comovido com aquelas palavras tão amáveis vindas de uma pessoa que nem estava sob seus cuidados. No outro dia, ao chegar ao plantão, foi ler o prontuário dessa paciente. Ficou surpreso, pois se tratava de uma mulher que sofria de diabetes e estava se recuperando da cirurgia que havia acabado de fazer: a amputação de uma das mãos. O detalhe é que ela era cega e já havia amputado os dois pés.

Foi aí que ele percebeu a lição de vida que aquela paciente lhe dera. Ele, um rapaz novo, cheio de saúde e vitalidade, com o corpo perfeito, estava de baixo astral por causa de alguns problemas corriqueiros; e aquela paciente, vivendo um drama tão maior, estava ali espalhando alegria, carinho e lição de vida.

Enquanto me contava essa história, ele disse que daquele dia em diante decidiu não se permitir mais ficar chateado, estressado, triste e nem mesmo ansioso por motivos que não valiam a pena. Percebi, eu também, que estava diante de um ser humano especial, que foi capaz de aprender uma lição importante na vida e estava ali, generosamente, passando sua mensagem para mim, o que certamente me ajudou a repensar minha ansiedade e vai contribuir muito para que minha gastrite nervosa não volte mais.

Por isso quero falar para você: cuide-se bem. Vejo muita gente que cuida de todos, mas não cuida de si mesma. Tem enfermeira que cuida bem de cem pacientes, mas não reserva um minuto para si. Há cozinheiras que servem delícias para os outros o dia inteiro e comem em pé, sem se dar o direito de fazer uma refeição com calma.

Se existe uma coisa boa na vida é estar bem consigo mesmo. Para estar bem com os outros, é preciso, primeiro, estar bem com você. Então assuma esse compromisso com a pessoa mais importante de sua vida — você — e não vá dormir sem ter feito pelo menos uma coisa boa para si mesmo durante o dia.

Ouvir aquela música de que gosta, tomar um banho gostoso, andar pelado pela casa e o que mais você estiver a fim de fazer. Comprometa-se a não dormir enquanto não fizer pelo menos uma coisa boa para si mesmo. Pode ser o que lhe der vontade, mesmo um pequeno pecado. Daqueles que não fazem mal a ninguém, claro, mas que são uma delícia! Como diz o escritor Mia Couto, às vezes até Deus nos ajuda a pecar. Vale roubar um beijo da pessoa amada, fazer guerra de travesseiros com os filhos e sobrinhos, atacar a geladeira no meio da noite, repetir a sobremesa que você adora duas, três vezes. Tem coisa melhor no mundo do que comer, ainda mais sem culpa?

Sei que há uma ditadura das revistas de moda, uma ideia de que todo mundo tem de ser magro, esbelto. Pois quero lhe dizer: é bom ter um corpo legal, porém mais legal ainda é se sentir bem. Segundo uma pesquisa da Fundação Getúlio Vargas, 64% das mulheres acreditam que a expectativa de beleza sobre elas jamais será atingida. Isso acaba criando uma enorme angústia; muitas mulheres sofrem porque se sacrificam em dietas que, quase sempre, não as levam a lugar algum. Se você está obeso ou obesa, pesa mais de 100 ou 150 quilos, é lógico que precisa se cuidar, senão isso pode virar uma doença e lhe fazer muito mal. Mas com equilíbrio é possível comer tudo o que quiser! Se você está com vontade de comer uma sobremesa maravilhosa, não passe vontade, aja com equilíbrio. Coma o que estiver a fim. Isso vai lhe trazer uma sensação muito boa, vai saciar sua alma.

O problema é que as pessoas não curtem os pequenos pecados e acabam cometendo os grandes pecados, estes sim cruéis, além de proibidos. Há pessoas que nunca pegaram uma criança no colo para sentir a fragilidade da vida e saem por aí fazendo mal às pessoas. Gente que nunca curtiu um pôr do sol, nunca caminhou em um parque e corre sério risco de se viciar em algo, mesmo que seja artificial, para achar algum prazer na vida. Quando o indivíduo precisa tomar remédio para dormir, vemos como a vida dele está complicada.

Nesses momentos você descobre que a nossa natureza anseia pelo pôr do sol, por amanheceres, e sobrevive dessas coisas simples. Nós não vamos aguentar o mundo lendo bulas de remédios nem ouvindo discursos informativos.

Existem muitas outras coisas boas na vida que você precisa curtir, como tomar banho de mangueira, comer manga sem descascar com a faca, dormir até mais tarde no domingo, ler um bom livro etc.

Tenho certeza de que estão passando por sua cabeça pequenos prazeres que você quer desfrutar. Que tal aproveitar esse momento para fazer uma lista de atividades agradáveis? Comece pelas coisas boas que você quer fazer nos próximos cinco anos, mas faça essa lista com toda a sua emoção, resgate todos os desejos que você foi deixando para trás.

Quem sabe visitar a casa em que nasceu, fazer aquele curso só por prazer, pular de paraquedas, fazer da quarta-feira um domingo, preparar aquela receita da vovó, dormir pelado, saborear uma banana split, sei lá, use sua imaginação e curta fazer essa lista. Deixe-a sempre perto de você e não desperdice nenhuma chance de realizar cada item e assim curtir tudo aquilo de que você se lembrou. Não deixe para amanhã! Faça já o que realmente importa na sua vida.

Outra coisa boa é trabalhar no que gosta, trabalhar naquele lugar com o qual você se identifica tanto que não vê o tempo passar. Você percebe que está contribuindo com algo maior, sente sua missão sendo cumprida com a missão da empresa – essa é uma das coisas boas que a vida nos oferece.

Há uma última história que eu quero lhe contar:

Um mestre caminhava com um discípulo que o acompanhava no mosteiro havia algum tempo, quando este lhe disse que iria regressar a seu país de origem. Depois de conversarem por um longo tempo, o mestre combinou um encontro de despedida no final do dia. Nesse encontro ele entregou ao discípulo duas pequenas caixas, uma com o número um e outra com o número dois, e disse: "Esta caixa com o número um você só deverá abrir quando sentir que está tendo uma vida plena, quando todas as pessoas que ama estiverem ao seu redor, seus sonhos sendo realizados. Já esta outra, com o número dois, você só irá abrir quando estiver enfrentando dificuldades em sua vida, quando tudo em volta estiver difícil e você estiver sofrendo muito. Quando você sentir que está patinando no atoleiro da vida, fazendo muito esforço sem resultado. Mas só abra as caixas nessas circunstâncias que falei."

O discípulo agradeceu ao mestre e foi embora para seu país pensando em tudo o que havia aprendido e em quanto havia amadurecido. Depois de muitos anos, o discípulo estava prosperando na carreira, com sua família transbordando de amor e saúde, rodeado de amigos, se sentindo o mais feliz dos homens na face da Terra. Pensando em tudo o que passara na vida e na alegria do momento que estava vivendo, lembrou-se das duas caixinhas que havia ganhado do mestre e, curioso, correu ao quarto para localizá-las.

Encontrou as duas caixinhas no baú onde guardava objetos de pequeno valor e de muito significado. Pegou a caixinha com o número um, abriu e encontrou um papel com a seguinte frase: "Isto passa!"

Surpreso com a frase do mestre e intrigado ao pensar que tudo o que estava vivendo de maravilhoso poderia passar, refletiu sobre a vida e depois seguiu em frente.

Anos depois ele estava triste, amargurado, desesperado. Infelizmente sua vida estava de pernas para o ar, tinha se separado da esposa, mal via os filhos, a empresa estava falida, os amigos haviam se distanciado diante da nova realidade que ele enfrentava. Solitário, lembrou-se da segunda caixa do mestre. Não sabia se devia abri-la e ler a mensagem, pois na última vez não havia se sentido bem com o que lera. Apesar disso, decidiu fazê-lo. No papel estava escrito: "Isto também vai passar!"

Um alívio tomou conta de sua alma, pois as palavras do mestre o confortaram. Ele soube que deveria recomeçar sua vida quantas vezes mais achasse necessário.

Esta é a beleza do mistério da vida: por mais que busquemos planejá-la, ela nos surpreende o tempo todo. Essa imprevisibilidade é um dos maiores encantos da existência. Só ela é capaz de nos surpreender de tal maneira. É essa força vital que faz com que sigamos nossa natureza, com que busquemos nossa evolução.

Agradeça a Deus todos os dias, quando tudo estiver dando certo e também quando não estiver. Porque tudo passa, e a única coisa que fica é a esperança de que amanhã seremos melhores do que somos hoje.

Noutro dia vi uma cena na televisão que me marcou muito. Uma atriz dizia com muita emoção a seguinte frase: "Deus hoje olhou para mim, olhou para mim com os dois olhos, olhou para mim e sorriu."

Deus está olhando para você o tempo todo. Ele está olhando para você agora. E vai olhar para você durante toda a sua vida. Não para controlá-lo ou puni-lo por seus deslizes. Vai olhar com o mesmo amor que um pai olha para o filho que está aprendendo a andar. Deus olha para você torcendo para que você tenha uma vida plena de sentido e faça por merecer esse bem precioso que é a existência. Por tudo isso eu lhe digo: jamais perca nenhuma oportunidade de viver as coisas que realmente importam.

Agora é com você!
Um forte abraço,
Anderson Cavalcante

Agora é com você!

Agora que você já terminou de ler *O que realmente importa?*, tenho uma novidade especial para você.

Com o objetivo de contribuir com seu crescimento, desenvolvi no meu site um espaço para que você possa otimizar o seu tempo e, de forma objetiva, iniciar imediatamente o planejamento da sua vida.

Você terá acesso a todo o material complementar – planilhas, ilustrações, artigos –, tudo para facilitar a elaboração do seu projeto de vida. Você encontrará os modelos aqui utilizados prontos para download, desde a linha da vida, a lista das coisas boas da vida até o modelo do plano de ação.

Faça o download dos arquivos pelos quais você se interessa, são todos gratuitos. Tenho certeza de que eles o ajudarão a caminhar junto com o administrador da sua vida em direção à sua realização.

É muito simples:

Acesse o site www.andersoncavalcante.com.br

Escolha seus arquivos e faça o download.

Além desse material complementar você terá acesso ao hotsite do livro *O que realmente importa?*.

Comece já o seu projeto, afinal, *você não tem todo o tempo do mundo.*

Nós nos veremos lá!

Uma causa maior

Se você se beneficiou deste livro, se ele fez bem a você, não perca a chance de ajudar familiares, amigos e colegas.

Seja mais um elo neste projeto! Ajude a propagar essa ideia para que mais pessoas possam despertar para tudo aquilo que realmente importa na vida.

Tenho certeza de que com a sua ajuda faremos desta obra uma causa maior.

Conto com você!

Sobre o autor

Anderson Cavalcante tem como marca registrada a forma de tocar o coração das pessoas por meio de palavras doces e repletas de significado.

Começou a trabalhar e estudar muito cedo. Aos 21 anos formou-se em Administração de Empresas com ênfase em marketing e um ano depois se tornou empresário, e não parou mais de assumir novos desafios. É pós-graduado em Gestão Empresarial e MBC (Manager Business Communication) pela Universidade da Flórida.

Incansável na busca de novos conhecimentos, visitou diversas organizações no mundo — *St. Pittsburgh Journal*, Walt Disney World, Nasa, entre outras — a fim de se aprimorar no que há de mais moderno em gestão e liderança. Sua carreira vem sendo pontuada por contribuições a empresas brasileiras e estrangeiras, principalmente nas áreas de gestão de pessoas, valores, qualidade de vida e liderança. Foi reconhecido como o palestrante mais jovem a ministrar palestras para empresários na Expo Business Japan, no Japão.

Apaixonado por gente e conhecimento, tornou-se um escritor de sucesso com obras lançadas no Brasil e na Europa. É autor de *Você acredita em milagres?*; *As coisas boas da vida*; *Viva as coisas essenciais da vida*; *Minha mãe, meu mundo*; *Meu pai, meu herói* e *Meu jeito de dizer que te amo*. Seus livros figuram com frequência nas listas dos mais vendidos do Brasil, tendo ultrapassado a marca de 900 mil exemplares comercializados.

Anderson busca viver com coerência o que escreve, pois acredita que as práticas das coisas boas da vida criam um contexto que o aproxima verdadeiramente de sua própria essência.

Para mais informações, acesse:
Site: www.andersoncavalcante.com.br
Facebook: www.facebook.com/AndersonCavalcanteAutor
Twitter: @andersonautor

CONHEÇA OUTRO TÍTULO DO AUTOR

Você acredita em milagres?

Sem nos darmos conta, deparamos dia a dia com situações que nos provocam sensações diversas. Situações singelas, como os primeiros passos de uma criança; gratificantes, como a percepção da plenitude do Universo; e até extremas, como uma nova chance dada a alguém que estava prestes a perder a vida. O tempo todo somos surpreendidos por manifestações da presença divina bem diante de nós.

Muitos as atribuem a uma espécie de mão invisível, outros dizem que são questões a serem respondidas pela ciência, há quem afirme que são obra do acaso. Bem, não sei você, mas eu chamo isso de milagre!

Essa talvez seja a grande questão. O milagre não é apenas uma bênção que cai do céu. Os milagres são cultivados e construídos todos os dias por meio da crença, da atitude e, principalmente, da convicção de que, se fizermos por onde, sempre teremos alguém para iluminar nosso caminho.

Se acordarmos, se acreditarmos, se pararmos para olhar ao redor veremos a imensidão de acontecimentos inspiradores que a vida promove diante dos nossos olhos, embaixo do nosso nariz.

Os milagres acontecem para que prestemos atenção, para que despertemos para as coisas que serão ditas ou mostradas a seguir. Viver já é por si só um milagre. Uma oportunidade que nos é dada todos os dias enquanto merecermos essa bênção. Então, faça por merecer!

CONHEÇA OS CLÁSSICOS DA EDITORA SEXTANTE

1.000 lugares para conhecer antes de morrer, de Patricia Schultz

A História – A Bíblia contada como uma só história do começo ao fim, de The Zondervan Corporation

A última grande lição, de Mitch Albom

Conversando com os espíritos e *Espíritos entre nós*, de James Van Praagh

Desvendando os segredos da linguagem corporal e *Por que os homens fazem sexo e as mulheres fazem amor?*, de Allan e Barbara Pease

Enquanto o amor não vem, de Iyanla Vanzant

Faça o que tem de ser feito, de Bob Nelson

Fora de série – Outliers, de Malcolm Gladwell

Jesus, o maior psicólogo que já existiu, de Mark W. Baker

Mantenha o seu cérebro vivo, de Laurence Katz e Manning Rubin

Mil dias em Veneza, de Marlena de Blasi

Muitas vidas, muitos mestres, de Brian Weiss

Não tenha medo de ser chefe, de Bruce Tulgan

Nunca desista de seus sonhos e *Pais brilhantes, professores fascinantes*, de Augusto Cury

O monge e o executivo, de James C. Hunter

O poder do Agora, de Eckhart Tolle

O que toda mulher inteligente deve saber, de Steven Carter e Julia Sokol

Os segredos da mente milionária, de T. Harv Ecker

Por que os homens amam as mulheres poderosas?, de Sherry Argov

Salomão, o homem mais rico que já existiu, de Steven K. Scott

Transformando suor em ouro, de Bernardinho

INFORMAÇÕES SOBRE OS PRÓXIMOS LANÇAMENTOS

Para saber mais sobre os títulos e autores
da Editora Sextante,
visite o site www.sextante.com.br
ou siga @sextante no Twitter.
Além de informações sobre os próximos lançamentos,
você terá acesso a conteúdos exclusivos e poderá
participar de promoções e sorteios.

Se quiser receber informações por e-mail,
basta cadastrar-se diretamente no nosso site.

Para enviar seus comentários sobre este livro,
escreva para atendimento@esextante.com.br
ou mande uma mensagem para @sextante no Twitter.

Editora Sextante
Rua Voluntários da Pátria, 45 / 1.404 – Botafogo
Rio de Janeiro – RJ – 22270-000 – Brasil
Telefone: (21) 2538-4100 – Fax: (21) 2286-9244
E-mail: atendimento@esextante.com.br